삶은 비즈니스

삶은 비즈니스

죽을 때까지 사고파는 인간의 삶, 어떤 의미와 가치를 추구할 것인가

초 판 1쇄 2024년 10월 29일

지은이 전유민
펴낸이 류종렬

펴낸곳 미다스북스
본부장 임종익
편집장 이다경, 김가영
디자인 임인영, 윤가희
책임진행 이예나, 김요섭, 안채원, 김은진, 장민주

등록 2001년 3월 21일 제2001-000040호
주소 서울시 마포구 양화로 133 서교타워 711호
전화 02) 322-7802~3
팩스 02) 6007-1845
블로그 http://blog.naver.com/midasbooks
전자주소 midasbooks@hanmail.net
페이스북 https://www.facebook.com/midasbooks425
인스타그램 https://www.instagram.com/midasbooks

© 전유민, 미다스북스 2024, *Printed in Korea*.

ISBN 979-11-6910-884-3 03190

값 **17,900원**

미다스북스는 다음세대에게 필요한 지혜와 교양을 생각합니다.

삶은 비즈니스

죽을 때까지 사고파는 인간의 삶,
어떤 의미와 가치를 추구할 것인가

전유민 지음

미다스북스

1장
태어나는 순간부터 죽을 때까지
비즈니스를 하는 인간

2장
세계 주요 집단
특성

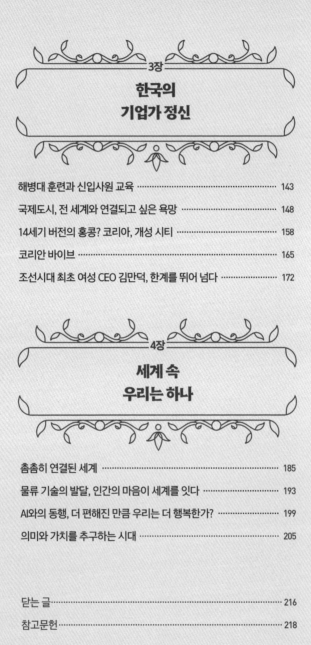

3장
한국의
기업가 정신

4장
세계 속
우리는 하나

한국은 2023년 기준 전 세계 GDP 14위, 수출량 8위를 기록했다. 눈부신 경제 발전을 이뤘지만 사람들의 삶에 대한 만족도는 OECD 전체 국가 중 최하위권, 자살률 1위를 기록했다. 또한, 영국 시사주간지 〈이코노미스트〉에 따르면 2024년 기준 한국은 12년째 29개 조사 대상국 중 여성 유리 천장 지수 꼴찌이다. 기존 대기업 중심 일자리 창출은 한계에 도달했고, 근속 연수 또한 점차 줄어들고 있으며, 금융, 유통, 전자 등 업계를 막론하고 주요 대기업에서 20대와 30대 직원 대상까지도 희망퇴직을 실시하는 현상이 이어지고 있다. 여러모로 한국 경제가 저성장 국면에 접어들었다는 전문가들의 의견이 주를 이루는 가운데, 최근 한국 중소기업벤처부는 글로벌 창업 대국으로 도약하겠다는 비전을 선포했다. 즉, 자신의 일을 창조해 내는 사람들이 많은 나라를 만들겠다는 것이다. 이 비전이 현실화하려면 스스로에 대한 건전한 자존감과 건강한 공동체 의식을 가진 개인들의 자발적인 도전과 사회활동이 필요하다.

　오늘날 전 세계 사람들은 모두가 촘촘히 연결되어 있다. 한반도 최남단 제주도에 살면서도 인스타그램, 유튜브와 같은 세계적인 플랫폼을 통해 북유럽 라이트 스타일을 실시간으로 접하고 답습한다. 사람들의 몸은 지구 한 모퉁이에 고정되어 살아가나, 마음은 전 세계를 실시간 유랑하며, 유랑하는 욕망과 함께 원하는 물건의 이동, 즉 물류 또한 세계 곳곳을 촘촘하게 연결한다. 반면, 연결된 세상에서 개인은 스스로를 고립시킨다. 경제적 자립과 돈에 대한 관심이 과거 그 어느 때보다 뜨거운 동시에 극심한 세대적 갈등을 겪으며 사회적 신뢰를 잃어가고 있는 오늘날, 비즈니스가 가진 무거운 사고방식을 해체해 보려 한다. 동시에 스스로의 문제와 주변에 집중되어 있는 시선을 조금 넓게 확장하여 우리와 직간접적으로 상호 영향을 주고받고 있는 사람들의 특성을 알아보며, 개개인이 추구해야 할 진정한 일에 대한 의미와 삶의 가능성을 함께 사유하고자 한다.

필자는 기업에서 글로벌 마케팅 전략 업무를 수행하며, 데이터와 사실에 기반하여 일하는 방식과 의사 결정의 중요성을 경험하였다. 짧은 기간이었지만 조직문화 개선 담당자로서 MZ세대와 기성세대 간 깊은 갈등을 이해하게 되었으며, 기업의 일하는 문화가 성과 창출에 미치는 영향에 대해 고민하게 되었다. 아울러, 홍콩의 준정부 기관에서 홍콩과 한국 간 무역 투자 촉진을 위해 국내외 주요 해외 수출 지원 기관, 경제인 단체, 중소기업과 스타트업 육성 기관 관계자들 및 다양한 기업인들을 만나고 그들의 일을 관찰하였다. 그 과정에서 정부의 기업 지원을 위한 정책, 중소기업과 스타트업들의 경쟁력, 기업가 정신과 리더십의 중요성, 그리고 무엇보다 해외에서 한국을 바라보는 시각을 더 깊게 이해하게 되었다.

지금 나와 같이 자신의 일에 대한 의미를 고민하고 있는 분들, 또 어떤 일을 하며 살아갈 것인가 고민하고 있는 많은 분들과 함께 공감대를 형성할 수 있기를 바란다. 또한, 크고 작은 규모의 기업을 경영하며 미래의 경영 철학, MZ세대 리더십, 해외 수출 및 파트너십 등에 대해 고민하고 계신 분들께도 역시 조금이나마 도움이 되는 글이 되기를 바란다.

1장

태어나는 순간부터 죽을 때까지
비즈니스를 하는 인간

삶은 비즈니스,
비즈니스는 삶

태어나서 죽는 순간까지 사고파는 인간

'비즈니스' 하면 딱딱하게 들리는가? 비즈니스맨. 비즈니스우먼. 매끈한 정장 차림의 사람들이 고급 호텔 라운지에서 거래처와 멋진 식사를 하고, 심각한 논의를 하고, 이어서 큰 거래를 성사하고. 뭐, 그런 이미지들이 떠오른다. 나는 어렸을 때부터 세계를 누비는 멋진 커리어 우먼을 꿈꾸었다. 그래서 외국어를 배웠고, 글로벌 마케팅 업무를 할 수 있는 대기업에 지원했고, 국제 경영을 공부했다. 큰 기업의 전략기획 업무를 하고, 해외 출장을 다니며 외국인 비즈니스 파트너들과 거래하고, 그런 것만이 내가 꿈꾸는 '비즈니스'라고 생각했고 실제로 그런 일을 해 왔다. 하지만, 지금까지 다양한 일을 해보고 그 과정에서 다양한 사람들을 만나게 되며 깨달았다. 비즈니스는 꼭 대학에서 관련 전공을 하거나, 유명한 기업에서 일을 하거나, 정장을 입고 심각한 주제의 경영 회의를 하는 것만이 아니다. 남녀노소, 직업에 관계없이 누구나 매일 행하는 지극히 일상적인 행위이다.

옥스포드 사전이 정의하는 비즈니스는 'the practice of making one's living by engaging in commerce'이다. 즉, 상업에 연계됨으로써 삶을 꾸리는 관행과 실천이다. 여기서 '상업(commerce)'의 정의는 사고 파는 활동(the activity of buying and selling, especially on a large scale)이다.

세상에. 비즈니스가 이렇게 단순한 개념이었다니!

우리 모두는 매일 사고파는 행위를 하지 않으면 단 하루도 살 수 없다. 이 세상 그 누구도 다른 사람이 만든 상품과 서비스 없이 나홀로 자급자족하며 살아갈 수 없다. 우리는 매일 다른 사람이 제공하는 상품과 서비스를 필요로 하고 구매한다. 그리고 보니 집안을 낯선 시각으로 둘러보게 된다. 거실, 주방, 침실, 화장실, 옷방, 서재에 있는 책들. 그 어느 물건 하나도 빠짐없이 모두 **누군가가 생각하고 기획하고 도전하여 제작한 상품**들이다. 그리고 최근 나의 일상을 생각해 보았다.

아침에 누군가 운영하는 카페에 들러 커피를 마시고, 점심에는 누군가가 운영하는 식당에 가서 점심을 먹고, 저녁에는 누군가가 운영하는 헬스장이나 요가 스튜디오에 가서 운동을 한다. **누군가가 생각하고 기획하고 도전하여 제공하는 서비스들이다.** 우리가 하루에 많은 시간을 들여 하는 근로나 노동도 비즈니스다. 작고 큰 회사를 운영하고 있다면 매일 파는 행위를 하고 있는 것이다. 본인의 아이디어가 반영된 제품과 서비스를. 대기업이나 중소기업에서 직원으로 일을 하고 있는 사람들이라면, 자신이 속해 있는 기업이 보유하고 있는 상품과 서비스를 파는 행위를 돕고 있는 것이다.

이렇게 우리 모두는 자신이 원하든 원하지 않든 세상에 태어나서 죽을 때까지 삶의 모든 시간이 비즈니스로 채워진다. 마치 매일 숨을 쉬고, 밥을 먹고, 화장실에 가는 것처럼. 숨이 주어지는 순간부터 숨이 멈출 때까지, 인간이 생로병사의 전 과정을 겪는 동안 말이다.

따라서, 비즈니스는 삶이고, 삶은 비즈니스이다.

글로벌 창업 대국
한국의 비전
자신의 일을 창조하는 사람들의 나라

과거에는 스스로 주체가 되어 상품과 서비스를 만들어낼 수 있는 여건과 혜택을 누릴 수 있는 사람들이 소수였다. 아무리 수익성 있는 투자 프로젝트를 가진 사람이라도 투자를 받을 수 있는 시스템에 대한 접근이 지금처럼 많은 사람들에게 열려 있지 않았다. 나의 큰 외삼촌은 1957년생으로 대기업에서 일을 하시다가 더 이상 근무가 어려워지자 자영업을 하셨다. 장남이자 공부를 잘하셨던 큰 외삼촌은 전기공학 분야 지식과 기술이 뛰어났다. 그는 일찍이 오늘날 정보통신 플랫폼 기업들과 모빌리티 기업들이 연구하고 있는 도심 항공 이동체 UAM(Urban Air Mobility) 원리에 대해서 생각해냈다 (물론 삼촌이 말하는 기술의 원리를 문과 전공자인 나는 판단하지 못한다.). 간간히 자금적으로 여유가 생길 때마다 실험을 하느라 외가댁 창고의 지붕이 몇 번이고 날아갔다고 한다.

그런 나의 큰 외삼촌이 만약 1950년대에 태어나 1980년대에 청춘을 보내지 않고 나와 같이 1980년대에 태어나 2024년 당신의 30대를 통과하고 있는 삶의 운명을 살았더라면 어땠을까? 본인이 기획한 프로젝트를 실현시키기 위해 협력할 수 있는 비즈니스 파트너들을 만나고 가망 투자자들에게 자신의 아이디어를 공유할 수 있는 기회를 찾는 것이 과거만큼 어렵지 않았을 것이다.

2027년까지 아시아 1위, 세계 3위의 '글로벌 창업 대국으로의 도약'. 최근 한국 중소기업벤처부가 발표한 비전이다. 즉, 자신의 일을 만들어 시작하는 사람들이 많은 나라로 만들겠다는 것. 독일어로 '일', '직업'의 뜻을 가진 'Beruf'라는 단어는 '소명(사람이 하나님의 일을 하도록 하나님의 부르심을 받는 일)'이라는 뜻이기도 하다. 자신의 천직을 주체적으로 찾고, 본인의 직업을 창조해 내는 사람들이 많은 나라로 발전시키겠다는 한국 정부. 내가 이렇게 원대한 비전을 가진 나라의 국민이라니. 나와 당신은 글로벌 창업 대국에서 살고 있는 국민이다.

주어진 유한하고 소중한 삶에서 각자의 소명은 무엇이고,

어떤 일을 하면서 살 것인가?

세계적인 무역 국가 한국,
그러나 고립된 한국인?

우리 개개인은 얼마나 세계와 연결되어 있을까

1970년대, 그리고 내가 태어난 1980년대는 북미와 서유럽 나라들의 상품과 서비스가 전 세계 시장의 주를 이뤘다. 미국과 독일은 1959년부터 2006년까지 무려 47년 동안 번갈아 가며 세계 1위 수출국 자리를 유지했다. 무려 반 세기의 세월이다. 같은 기간 아시아에서는 일본과 홍콩이 유일하게 세계 수출 상위권에 위치했다. 그러다가 내가 대학생이었던 2007년과 2008년에 중국은 수출 2위를 달성했다. 그리고 중국은 2009년을 시작으로 현재까지 무려 25년째 전 세계 수출 1위이며, 미국은 그 뒤를 이어 2위를 유지하고 있다. 내가 대학 졸업을 한 해이기도 한 2009년, 한국은 9위를 기록한 이래로 2023년까지 6위에서 8위 사이를 넘나들며 무려 15년 연속 세계 수출국 10위권 내에 진입하였고, 프랑스, 이탈리아 등의 나라들 사이에서 조금씩 순위 변동은 발생해 왔지만, 줄

곧 중국, 미국, 독일, 네덜란드, 일본 다음으로 수출을 많이 해왔다.

세계 수출국 순위 추이

순위	1978	1983	1988	1993	1998	2003	2008	2013	2018	2023
1	미국	미국	독일	미국	미국	독일	독일	중국	중국	중국
2	독일	독일	미국	독일	독일	미국	중국	미국	미국	미국
3	일본	일본	일본	일본	일본	일본	미국	독일	독일	독일
4	프랑스	프랑스	프랑스	프랑스	프랑스	중국	일본	일본	일본	네덜란드
5	영국	영국	영국	영국	영국	프랑스	네덜란드	네덜란드	네덜란드	일본
6	이탈리아	캐나다	이탈리아	이탈리아	이탈리아	영국	프랑스	프랑스	한국	이탈리아
7	네덜란드	이탈리아	캐나다	캐나다	캐나다	이탈리아	이탈리아	한국	프랑스	프랑스
8	캐나다	네덜란드	네덜란드	홍콩	중국	네덜란드	벨기에	영국	홍콩	한국
9	벨기에룩셈부르크	벨기에룩셈부르크	벨기에룩셈부르크	네덜란드	벨기에	캐나다	영국	러시아	이탈리아	멕시코
10	사우디아라비아	사우디아라비아	홍콩	벨기에룩셈부르크	홍콩	벨기에	러시아	이탈리아	영국	홍콩

출처: 무역협회

중국은 세계에서 가장 많은 인구 수와 전 세계 곳곳에 넓고 깊게 구축되어 있는 화교 네트워크가 있다. 미국은 설명이 필요 없는 세계 경제 대국이며, 유대인들의 강한 영향력이 있다. 역사적으로 세계 최초 주식회사를 만들어 전략적이고 체계적으로 세계 무역을 선도했던 네덜란드. 유럽 연합의 중추 국가인 독일. 동아시아 국가 중 가장 빨리 서구의 산업화를 따라갔고, 인구가 한국보다 두 배 많은 일본. 그 다음으로 수출을 많이 하는 국가가 당신과 내가 경제 활동을 하며 삶의 터전을 가지고 살고 있는 인구 약 5,000만의 나라 한국이다. 아, 놀랍지 아니한가!

반면, 한국에서는 얼마나 많은 사람들이 세계인들을 대상으로 본인의 상품과 서비스를 제공하고 있을까? 2021년 기준 중소기업 종사자 수는 1,849만 명으로 전체 근로자의 약 80.9%를 차지했다. 중소기업 수는 약 770만 개로 한국 전체 기업 수의 무려 99.9%를 차지한다. 반면, 중소기업의 수출 비중은 OECD 국가들의 평균이 30%대임에 비해 한국은 약 17%이다. 아직도 소수의 대기업 중심으로 수출이 이루어지고, 대기업에 근무하는 소수의 사람들이 수출 관련 업무를 하고 있다고 해석할 수 있겠다. 이에 대해 최근 한국 중소기업벤처부에서 2027년까지 중소기업의 수출 기여도를 50%까지 높일 수 있도록 지원하겠다고 발표했다.

한국은 소상공인, 자영업자 비율이 OECD 국가 및 주요 7개국(G7) 중 유일하게 25%를 넘는다. 국민 4명 중 1명이 자영업 종사자라는 것. 이는 콜롬비아, 멕시코, 그리스, 터키, 코스타리카 다음으로 높으며, 한국 기업이 세계 시장에서 경쟁하고 있는 주요 나라인 미국(7%), 독일(9%), 일본(10%) 등과 비교했을 때 매우 높다. 수출을 할 수 있는 인재, 조직, 경영 시스템 등 경쟁력을 갖춘 경제 공동체 수가 적은 것이다. 게다가 최근 폐업 신고 사업자가 100만 명에 육박하며 2006년 관련 통계 집계 이래 최대 기록을 했는데, 많은 전문가들은 내수 부진을 주요 요인으로 꼽았다.

앞서 비즈니스는 삶이라고 정의했다. 사고파는 행위는 모두의 일상이다. 그렇다면, 이러한 통계는 무엇을 보여주는가? OECD 주요 국가 사람들에 비해 많은 한국 사람들이 일상적으로 일을 할 때, 다양한 사람들과의 접촉 또는 접속이 제한되어 있다고 해석할 수 있을 것이다. 그렇다면 이는 현실을 살아가는 한국 사람들의 마음과 매우 비대칭 되는 대목이다. 왜냐하면 오늘날 우리의 마음은 매일 국내를 넘어 세계 각지와 연결되어 있기 때문이다. 사람들이 매일 찾는 미디어는 KBS, MBC와 같은 국내 방송이 아닌 세계적인 콘텐츠 플랫폼 유튜브와 넷플릭스이다. 최근 한 리테일 분석 서비스 업체가 진행한 조사에서 한국인이 가장 많이 사용한 앱은 국내 메신저 플랫폼인 카카오톡이 아니라 세계적인 플랫폼 유튜브로 나타나 충격을 주었다. 또한, 일상적으로 한국의 주민등록증보다 더 자주 사용하는 ID는 세계 1위 포털 사이트인 구글의 지메일 계정일 것이다.

전 세계인의 마음은 이미 매우 촘촘히 연결되어 있다. 지구에 현존하는 대부분 국가들이 세계를 잇는 세계무역기구(WTO, World Trade Organisation)에 가입되어 있다. 가입하지 않은 곳은 북한을 비롯하여 몇 나라뿐이다. 연결된 사람들의 마음만큼이나 사람들이 원하는 물건이 이동하는 물류의 연결도 촘촘하고 쉬워졌다. 과학 기술 발달로 인해 갖가지 변수를 계산하여 최적의 물류 이동 루트와 방법을 짚어내고 최소화된 비용을 산출한다. 전 세계인은 지역과 품목 상관없이 직접 만나지 않고도 가상 공간에서 상거래를 한다. 과거에는 몇몇 획일화된 품종의 대량 생산과 구매가 주를 이루었다면, 지금은 다양한 종류의 상품을 합리적인 가격에 소량씩 주문이 가능하고, 개인이 물건을 주문하는 순간 물건의 이동 경로에 대한 정보 역시 스마트폰으로 확인이 가능하다. 판매자가 물건을 언제 발송했는지, 물건이 항만에 언제 도착했는지, 통관은 언제 끝날 예정이고 현지 택배사가 언제 물건을 픽업을 하여 내 집 문 앞에 배송 예정인지, 실시간으로 정보가 제공된다.

이렇게 전 세계인은 언제 어디서든 손끝의 터치 한 번으로 연결된다.

마음도, 물건과 서비스도.

다른 개인,
같은 욕망

인간이 만들어낸 돈, 돈에 지배당하는 인간

일부 사람들을 제외하면 자기 사업을 한다는 것이 쿨하고 멋진 일이 되었다. 사람들은 철학자나 종교학자보다 성공한 스타트업 대표들이 더 멋있고, 행복한 인생을 살 것이라고 생각한다. 하지만, 불과 150여년 전까지만 해도 이 땅에는 양반, 천민과 같은 신분제가 존재하였고, 학자, 농민, 그리고 물건을 만드는 장인 순으로 존경받는 직업이었으며, 물건을 사고 파는 상인은 노비, 백정과 같은 천민 다음으로 가장 천하게 여겨졌다. 그 이유는 직접 상품을 생산하지도 않고 돈만 밝혔다는 것. 난 이 점이 흥미롭다. 한국에서는 직접 일하지 않고, 맹목적으로 돈만 밝히는 사람들을 비천하게 생각하는 사회적 인식이 있었던 것. 오늘날 많은 사람들이 가진 돈에 대한 노골적인 욕망이 허락되는 사회 분위기와는 대조적이다. 실제로 시골에 가서 일부 어른들과 이야기를 해보면 아직도 그런 인식을 가지고 있는 사람들이 있다. 나의 외가 댁인 평택에 가보면 마을 진입로에 '상인 출입 금지'라는 팻말을 종종 볼 때도 있고, 아무리 돈이 없어도 '남에게 빌어먹는 장사'는 하지 않겠다는 어르신들도 있다.

하지만, 지금은 일상에서 많은 사람들과 이야기할 때 내가 직접 생산에 참여하지 않고 남에게 빌어먹어야만 돈을 벌 수 있는 부동산, 주식 같은 주제가 빠지지 않는다. 특히, 기성세대들은 본인과 다른 세대이고 다른 경험을 하며 살아온 젊은 이들과 공감대를 형성할 수 있는 다양한 주제로 소통할 수 있는 능력을 상실해 버린 것 같다. 아파트, 주식, 양주, 골프 이야기로 폼 잡는 이야기는 정말이지 지겹다. 앞선 세대가 주도하는 사회적 질서에 적응할 수밖에 없는 MZ세대들의 욕망의 기준 역시 높아졌다. 높아졌다 한들, 기성세대의 재력과 그들이 누리는 물질적 여유를 따라갈 수 없다. 서울에서 아파트 한 채 가지는 일은 요원한 일이다. 하지만 그것을 하지 못하면 마치 다른 것에도 의미를 부여할 수 없는 것처럼, 보람도 찾을 수 없는 일을 하다가 자신의 삶이 끝날 것처럼 생각한다. 그렇다고 그 욕망을 버리기는 죽기보다 어렵다.

"서울을 떠나는 것은 사형선고나 마찬가지예요. 한 번 서울을 떠나면 다시 돌아와 일할 수 없어요. 그렇게 돌아가는 구조예요(It's like a death sentence to leave Seoul. Once you leave Seoul, you can't come back here for a job. That's the formula.)."

<2021. 1. 17. 코리아헤럴드>

그러기에 '욜로(YOLO, You only live once)'라는 말이 나왔다. 한 번 사는 인생, 즐기자는 것. 여기서 즐기는 것은 곧 소비의 능력과 이어진다. 조금 더 진화되어 원하는 양의 돈을 빨리 벌어 은퇴하고 싶어 하는 파이어족(FIRE, Financial Independence, Retire Early)이라는 단어도 쓰인다. 이 단어는 외국의 경우 소비에서 자유로워지는 '탈 소비' 성격이 큰 반면, 한국에서는 여러 수단과 방법을 동원해 빨리 돈의 양을 증식하고자 하는 욕망 자체가 강조된다.

모든 사람들은 다양한 곳에서 태어나 제각기 다른 경험을 하면서 살아가지만, 많은 사람들이 소수의 지역, 학교, 직업을 갖기 위해 과도한 경쟁을 하는 것에 삶의 많은 에너지를 쏟으며 스스로를 고립시킨다. 우리 각자는 과거에도 없었고,

앞으로도 없을 고유의 DNA 지도를 가지고 태어나 누구와도 같지 않은 이야기를 가지고 각자의 삶을 살고 있는 별들이다.

정말 모두가 진심으로 똑같은 지역, 똑같은 직업, 똑같은 물건, 똑같은 취미, 똑같은 라이프 스타일을 원하고 있는 것일까?

인간이 불완전한 상태에서는 서로 다른 의견이 존재하는 것이 유익하듯이, 삶의 실험도 다양하게 이루어질 필요가 있다. 다른 사람에게 피해를 주지 않는 한, 각자의 개성을 다양하게 꽃피울 수 있어야 한다. 각자의 고유한 개성이 아니라 전통이나 관습에 따라 행동하게 되면, 인간을 행복하게 만드는 중요한 요소 가운데 하나이자 개인과 사회 발전의 불가결한 요소인 개별성을 잃게 된다.

_존 스튜어트 밀, 『자유론』, 책세상

2장

세계 주요 집단
특성

유대인

세계 1위 경제 대국 미국을 움직이는 마이너 중 마이너

1) 매력적인 아웃사이더

전 세계 유대인 수는 약 1,500만 명이다. 서울 인구가 약 936만 명, 경기도가 약 1,366만 명이다. 이렇게 비교하면 유대인의 인구는 한국의 수도권 인구보다 적다. 숫자로 치면 마이너 중에 마이너. 하지만 이들의 세계적 영향력은 대단하다. 최근 한 보도 자료에 의하면 전체 유대인 인구 중 약 40%가 미국에 살고 있고, 경제, 정치, 사회, 문화 등 각 영역에서 막강한 영향력을 행사한다. 구글, 메타, 넷플릭스, 오라클 등 세계적으로 유명한 미국의 대표적인 많은 혁신 기업의 창립자가 유대인이다. 또한, 역대 전체 노벨상 수상자 976명 중 약 214명이 유대인이다. 우리나라는 단 두 명(김대중 전 대통령, 한강 소설가)의 노벨상 수상자가 있다. 전 세계 인구 중 고작 0.2%를 차지하고 있는 이들이 어떻게 노벨상 전체 수상자의 22%

나 차지할 수 있을까?

    유대인들은 세계에서 가장 격심한 고난을 겪은 민족이라 해도 과언이 아니다. 기원전부터 이들은 세계 곳곳에 흩어져 유랑하며 살아왔다. 이들은 전 세계를 고향도 없이 떠돌아다녔고 위협당하고 죽임을 당했다. 어디를 가도 이방인이었던 이들은 쉽게 현지 민중들의 원한의 타깃이 되었다. 11-13세기 십자군 전쟁 때에도 무차별 학살을 당했다. 14세기 유럽 인구의 4분의 1 내지 3분의 1의 인구가 흑사병으로 사망했을 때에도 마을 곳곳에서 유대인에 대한 무차별 테러가 발생했다. 오늘날 많은 관광객들을 끌어들이는 아름다운 도시인 스위스 바젤에서 사람들은 유대인들을 목재 건물에 몰아넣고 밖에서 문을 잠근 뒤 건물을 불태워 버렸다. 역시나 독일과 프랑스 국경에 접해 있는 아름다운 도시인 프랑스 스트라스부르에서도 유대인 집단이 발가벗겨진 채 공동묘지로 끌려가 살해당했다. 유대인들이 겪은 역사상 최악의 참사는 20세기 제2차 세계 대전 당시, 독일 히틀러와 나치에 의한 600만 명의 유대인 대학살일 것이다. 오랜 시간 말도 못 할 수모를 겪으며 유랑하면서도, 발걸음이 닿는 곳마다 정착하여 주저

없이 비즈니스를 시작했다.

Stolperstein(Stumbling Stone), 걸림돌

Gunter Demnig이라는 독일 아티스트가 1992년부터 독일 나치에 의한 유대인 희생자를 기리기 위해 유럽 전역에 그들이 살았던 집 앞에 돌을 새기는 프로젝트를 시작했다. 2023년 6월까지 10만 명의 Stolperstein이 만들어 졌으며, 세계에서 가장 큰 탈중앙화된 기념관이라고 볼 수 있다. 내가 정할 수 없는 출신과 배경이라는 이유 때문에 죽어야 했던 이들. 목적지를 향해 바삐 걷다가 불편한 역사적 사실을 마주하며 다시 한번 생각에 잠긴다.

한국의 경우도 나라를 잃고 탄압당하고 핍박을 받은 적이 있었다. 1935년생이신 나의 외할머니는 2020년 돌아가시기 몇 년 전부터 심한 치매를 앓으셨는데, 당신의 아들, 딸, 손자, 손녀들도 못 알아보실 때가 많았다. 그렇지만 어렸을 적 일제 강점기(1910-1945) 때 부여받은 당신의 일본어 이름과 학교에서 배우고 사용했던 일본어를 기억하고 계셨다. 이와 같이 유년 시절 경험과 기억은 한 사람에게 평생 잊을 수 없는 강력한 영향을 끼친다. 나라를 빼앗기고, 다른 나라의 지배 아래 다른 언어와 관습을 따른 시간의 영향은 본인이 끔찍하게 사랑하는 자식들, 손자, 손녀들도 못 알아보게 하는 잔인하고 무서운 치매 말기 증상을 거뜬히 이길 정도의 강력한 기억을 뇌에 남긴다.

그런데 유대인들은 무려 2,000여 년 동안 나라를 잃은 채 살았다. 하지만 그들은 기적처럼 자신의 언어와 문화를 지켜냈고 영향력을 키워 잃었던 나라를 되찾기까지 한다. 1948년 이스라엘이 건국된 것이다. 인간은 생존에 위협이 되면 재빨리 스스로를 지배 계층이 조성하는 문화와 관습에 굴복시키기 마련이다. 그러나 이들은 자신의 신앙에 기반한 가치관,

언어, 문화, 교육 등을 지켜냈고, 서로가 서로를 도와 상업과 무역으로 생계를 이었다. 국적도 고향도 없이 유랑하며 살아간 그들은 나라와 제도가 아닌 상업을 통해 거둔 재물만이 스스로를 보호해주는 장치라고 생각했다. 또한, 그들은 위태롭게 살아가는 와중에도 무슨 수를 써서라도 돈만 벌면 된다는 맹목적인 욕망을 경계했다. 수단과 방법을 가리며 보이는 유형적인 요소보다는 보이지 않는 무형의 가치를 추구하는 비즈니스를 추구했다. 즉, 가치 경영을 한 것이다.

상거래와 상술에 대한 유대인들의 생각

많이 남겨 이익을 크게 보라.

박리다매(물건을 평균보다 싼 가격에 많이 팔아 이득을 극대화하는 판매 전략)는 금물이다. 계약은 생명처럼 여겨라.

상인이 해서는 안 되는 일이 3가지 있다. 과대선전, 매점매석(독점을 목적으로 물자를 대량으로 사들였다가, 그 물자가 부족하여 가격이 올랐을 때 매각하여 폭리를 취하는 것), 저울을 속이는 일이다.

신용이 없으면 문이 열리지 않는다.

_박기현, 『유대인들은 원하는 것을 어떻게 얻는가』, 소울메이트

나는 박리다매는 금물, 즉 싼 가격에 많이 팔아 이윤을 극대화하는 비즈니스는 하지 말자는 그들의 생각에 소름이 끼친다. 왜냐하면 많은 기업의 주요 성과 지표는 재무적 요소이기에, 가격을 경쟁사 대비 낮게 측정을 하더라도 이윤 극대화만 충족시키면 된다는 암묵적인 인식은 당연히 여겨지기 때문이다. 산업화 시대부터 최근까지도 많은 한국 기업들은 'value for money(비용 대비 가치)'를 내세우며 매우 빠르게 앞선 기업을 추격하는 'fast follower(추격자)' 전략을 추구했었다. 일본이나 독일 기업의 상품과 서비스에 비해서 더 많은 기능과 서비스를 제공하고 가격을 조금 낮춰서 시장을 공략하는 것. 기업의 모든 임직원으로 하여금 무형적 가치를 목표 삼아 일하게 하는 일은 굉장히 어려운 일이다. 매출액과 같이 수치화될 수 있는 가시적인 목표와는 달리, '신뢰'와 같은 무형적 가치는 손에 잡히지 않고 정량화시킬 수 없기 때문이다.

생존이 위태롭고 미래를 구체적으로 계획할 수 없는 불안정한 상황에서 무형 가치를 추구했다는 것은 목숨을 건 일이었을 것이다. 신뢰를 얻고 지속 가능한 사업을 위해 시장에서 독과점을 지양하고, 투명한 거래를 추구하는 경영 철학은 오늘날의 광고 법을 포함한 여러가지 현대 시장 경제 법규를 연상시킨다. 이들은 사회에서 요구하는 규제에 의한 수동적인 움직임이 아니라, 마음속에 나름의 기준을 가지고 주체적으로 자신들의 삶의 가치를 추구하며 주변 사람들의 신뢰를 얻었던 것이다. 이들을 보고 법 없이도 사는 사람들이라고 할 수 있지 않을까.

2) 굴복하지 않는 인간다움

기업을 법인(法人)이라고 한다. 법 법, 사람 인. 영어로는 'corporation'. 법률로서 권리 능력을 부여 받은 사람. 생물학적 사람이 아닌 특정 '집단'이지만 사람으로 취급해 준다는 것. 즉, 경제 공동체이다. "너는 사람도 아니야.", "사람이 할 짓이 아니다.", "그러고도 네가 인간이냐." 한국어에는 이런 표현들이 있다. 이기동 동양철학자에 따르면 한국 사람들은 이렇게 인간이라면 마땅히 지녀야 할 마음가짐과 예절이 있다는 것을 무의식적으로 안다고 했다. 굳이 가이드라인에 쓰지 않아도 인간이 마땅히 갖춰야 할 무형적인 소양이 있다는 것. 마찬가지로 인간들이 모인 경제 공동체인 기업 또한 인간다움을 요구받는다. 최근 기업에게 필수 의무가 되고 있는

ESG(환경 Environmental, 사회 Social, 기업 지배구조 Corporate Governance)
경영이 그것이다.

　　최근 세계적으로 강화되고 있는 ESG 경영은 '기업은 오로지 이윤 극대화를 위해 존재한다'는 낡은 기업 존재론을 와해시켰다. 이제 많은 사람들은 어떤 과정을 통해 기업이 이윤 극대화를 도모하는지 상세 내용을 요구하고 있다. 사람들은 기업이 세상에 존재하며 상품과 서비스를 만들어내는 과정에서 환경 오염을 얼마나 시키고 있는지, 경영자들의 윤리 의식 수준이 어느 정도인지, 어떤 방식으로 일을 하는지, 근로자와 노동자에 대한 태도는 어떠한지, 정직하고 과대 포장을 하지는 않는지 등을 묻는다. 마치 사람도 이런 소양을 가진 사람에게 무의식적으로 끌리는 것처럼, 투자자와 고객이 기업을 택할 때도 마찬가지다. 가격이 좀 비싸더라도 전 지구적인 마음으로 환경에 책임감이 있고 인권에 대한 의식이 강하고 포용적이고 윤리적이며 투명한 기업을 선택한다. 보이는 재무적 가치보다, 보이지 않는 비재무적 무형 요소들이 기업의 지속 가능 경영에 영향을 주는 것이다. 과거에는 감추려면 감출 수 있었던 요소들이 지금은 감춰지지 않는다.

특히 소셜 미디어 등의 발전으로 한 번의 실수로 인해 다시는 회복하기 어려울 정도로 기업의 평판이 하락하여 망하는 경우가 허다하다.

지금도 진행 중이지만 이렇게 사람들의 성숙한 인식이 형성되기까지 오랜 시간이 걸렸고 많은 희생자들이 있었다. 1952년 영국 런던에서 산업 혁명 이후 농축된 공장 매연과 석탄 등 대기 오염 물질이 만들어낸 고농도 황산 스모그가 발생한 5일 동안 약 1만 2천 명이 사망하는 대참사가 발생했다. 이 사건은 전 세계에 환경 오염에 대한 경각심을 일깨우는 계기가 되면서 현대 공해 운동과 환경 운동에 큰 영향을 주었다. 사건 발생 후 영국 의회는 세계 최초의 환경법 중 하나인 청정 대기법(Clean Air Act)을 제정했다. 비슷한 시기에 미국에서도 공장에서 나온 유해 화학 폐기물을 매립하고 그 위에 진흙을 쌓아 덮은 부지에서 독성 폐기물이 유출되는 사건이 발생했다. 그 때문에 주민들 사이에서 질병, 기형아 출산, 유산을 겪는 사람들이 많아졌다. 그러자, 1980년 미국 정부는 유해성 물질의 배출 또는 위협에 대한 규제, 보상 및 책임법(Comprehensive Environmental Response, Compensation, and Liability

Act, CERCLA) 등의 환경법을 제정했다.

1980년대 한국에서 수많은 여성 봉제사들이 하루 12시간 이상 일을 하였고, 1990년대까지 토요일까지 근무를 하는 것이 일반적이었다. 기억해 보면 나도 초등학교 때 토요일에 학교에 갔고, 부모님도 토요일에 일을 하셨다. 세상에. 과거에는 이렇게 기업이 많은 상품을 수단과 방법을 가리지 않고 싸고 빠르게 팔아도 소비자들은 그 과정에 대해서 질문을 하지 않았지만, 오늘날은 전혀 그렇지 않다.

영국 사람들은 산업혁명 기간 동안 종종 16시간씩 일을 했고, 19-20세기 내내 노동시간 단축을 위해 캠페인을 벌였다.

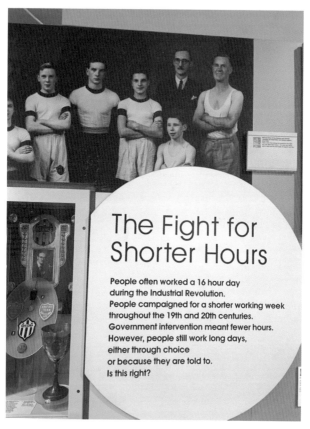

영국 맨체스터 민중역사박물관
(People's History Museum)에 전시된 포스터

2002년 10월 주요 일간지에 실린 주 5일제 반대 광고

지금은 매우 당연한 주5일 근무제가 시행되기 전 많은 경제인들의 반대가 있었다는 사실을 알 수 있다. 불과 20여 년 전 일이다. 20년 후 미래 세대들에게 현 시대를 살아가고 있는 사람들이 주저하고 있는 변화와 혁신이 어떻게 평가될까.

최근 상품 하나가 380만 원에 팔리는 명품 브랜드 크리스챤 디올 가방의 원가가 단돈 8만 원으로 밝혀져 논란이다. 이태리 장인이 아닌 하청 업체에서 24시간 휴일도 없이 공장을 운영하고, 불법체류자를 고용해 만든 가방은 한 개당 불과 53유로를 받고 디올 사에 넘긴 것으로 나타났다. 이에 대해 이탈리아 밀라노 법원은 디올 사업부가 공급 업체의 실제 작업 조건이나 기술 능력을 확인하지도, 정기 감사를 실시하지도 않았다며 책임을 물었다. 이렇게 시대 흐름을 역행하고 재무적 성과만을 위해 일하는 과정에서 수단과 방법을 가리지 않는 기업의 의사 결정은 결국 드러나게 되어있고, 기업과 브랜드 신뢰도에 치명적인 영향을 초래한다.

내가 사회 초년생 때, 어느 한 60년대생 임원이 "모로 가도 서울로만 가면 된다."라는 말이 있다고 언급한 적이 있다. 당시 나에게 아주 인상 깊었던 말이라, 지금까지도 잊히지 않는다. 인터넷 사전에 나오는 정의를 찾아보았다. '무슨 수단이나 방법을 써서라도 목적만 이루면 된다'는 말이라고 나온다. 당시 나는 그의 말이 무슨 뜻인지 몰랐다. 왜 나에게 그 말을 했는지 의도를 파악하지 못했다. 지금 생각해보면 지시

한 업무의 절차와 과정에 대한 고민은 필요 없으니 하지 말고, 그냥 시키는 대로만 하라는 말을 은유적으로 풀어냈던 것 같다.

이렇게 생각을 하니, 과정을 묻고 따지는 이 없어도 스스로 알아서 상도덕을 지키며 수단과 방법을 가렸던 유대인들의 비즈니스 윤리 의식은 과연 전 세계에서 모진 핍박을 당하면서도 인간이 인간다움을 포기하지 않는 불굴의 의지와 용기였다고 생각한다. 윤리적 사업 관행의 표준을 정의하고 개발하는 글로벌 기업인 에티스피어(Ethisphere)에 따르면 세계에서 가장 윤리적인 기업으로 선정된 상장 기업들의 최근 5년간 주가 추이가 미국 대형주 지수(Solactive US Large Cap Index) 대비 24.5% 높은 것으로 나타났다. 사람들은 이제 이렇게 인간다운 기업을 지지하고 신뢰한다.

3) 나를 먼저 사랑하기

최근 나 스스로를 사랑하자는 메시지를 전파하는 셀럽들이 많다. 셀레나 고메즈(Selena Gomez), 레이디 가가(Lady Gaga), 시아(Sia) 등을 비롯하여 전 세계를 휩쓴 한국 남성 아이돌 그룹

BTS도 그중 하나다. 이들의 노래 제목 중 〈Answer : Love Myself(나를 사랑하자)〉라는 곡이 있는데, 이 노래의 유튜브 영상 조회수는 7천7백만이 넘는다. 가사 공감에 대한 덧글은 3만6천 개가 넘는다. 얼마나 많은 사람들이 타인과 비교하며 자신을 인정하지 못했는지, 또 스스로를 사랑하지 못함으로 인해 고통받고 있는지 보여주는 것 같다. 특히, 요즘은 나 스스로를 돌아보는 시간보다 남을 보는 시간이 많다. 그야말로 '인스타 비교(Insta comparison)'가 실시간 가능하기 때문에, 타인들의 잠깐의 행복한 모습들을 보고 이를 자신과 습관적으로 비교하며 쉽게 좌절한다. 이런 사람들에게 전하고자 하는 위로가 담긴 시적인 가사와 신나는 리듬의 이 노래를 듣고 있자면 전 세계인이 BTS에 열광하는 이유를 알 것 같다.

마주 본다 거울 속 너 겁먹은 눈빛 해묵은 질문
어쩌면 누군가를 사랑하는 것보다 더 어려운 게
나 자신을 사랑하는 거야
그저 날 사랑하는 일조차 누구의 허락이 필요했던 거야
난 지금도 나를 또 찾고 있어

<Answer : Love Myself(나를 사랑하자)>

그러고 보면, 유대인들은 정말 자존감이 높은 것 같다. 이들은 아무리 큰 고난 속에서도 자신이 속한 민족의 역사, 전통, 문화에 대해 자부심을 가졌다. 세계 곳곳을 고향도 없이 떠돌아 다녔으나 그들의 언어와 관습 등 무형적인 자산을 지켜냈다. 그렇게 대중들 사이에서 이질적인 존재로 살아가며 현지인들에게 배척을 당했다. 그렇지만 오히려 이들은 언제나 기꺼이 스스로 취약해질 준비가 되어있었다. 결코 내가 아닌 다른 사람이 되려고 하지 않았지만, 동시에 나와 다른 언어를 사용하고 다른 문화를 가진 사람들에게 마음을 활짝 열고 먼저 다가가는 강한 내적 힘이 있었다.

유대인들은 보통 모국어인 히브리어 외에도 두세 개의 외국어를 구사한다. 외국어 학습 동기는 스펙 쌓기와 같은 것이 아닌, 나와 다른 문화 속에 사는 사람들을 더 잘 이해하고, 더 잘 소통하기 위함이다. 사람들에 대한 진정 어린 '호기심'과 '연결'이 배움의 동기인 것. 나는 유대인 출신 물류 자동화 관리 소프트웨어 개발자 겸 사업 개발 업무를 하고 있는 엔지니어와 함께 일한 적이 있다. 그는 이공계 전공을 한 30대 후반 남성임에도 불구하고, 모국어인 히브리어를 비롯하여 영어를 모국어처럼 구사했고, 추가로 일본어를 유창하게 구사했다. "너는 엔지니어로 일하면서 영어만 하는 것으로도 충분한데, 더 많은 외국어를 배울 필요가 있어? 게다가 요즘은 자동 번역기를 쓰면 많은 부분 통역이나 번역이 해결되잖아."라고 질문을 했을 때 이 친구의 답변은 너무 간단했다. "사람들과 더 잘 소통할 수 있기 때문이지. 난 나와 다른 언어를 배우고 다른 문화를 접하는 것을 즐겨. 진정한 신뢰는 상대를 잘 이해하고 배려하는 마음에서 얻을 수 있다고 생각해."

언젠가 나보다 한참 어린 직원이 '인싸'라는 단어를 대화에서 언급했을 때, 나는 알아듣지 못하고 무슨 뜻인지 되물었다. '인사이더'가 줄임말로 '인싸'. '아웃사이더'가 줄임말로 '아싸'란다. 속으로 좀 놀랐다. 사회면 뉴스에 자주 등장하는 이슈들이 쉽게 연상이 됐기 때문이다. 뉴스 헤드라인에 자주 등장하는 주제는 학교 폭력, 그리고 그것이 사회 생활까지 이어지는 직장 내 왕따 등의 문제가 심각한데, 더 나은 미래를 만들어야 할 청년들이 이런 단어를 쓰면서 여전히 주변 사람들을 구별 짓고 있다는 것이 심적으로 불편했다.

그렇게 따지면 유대인은 아싸 중에 아싸이다. 그것도 세계적 왕따다. 그런 그들은 쉽게 폭력에 굴복하지 않았으며, 스스로를 사랑하고 고귀한 가치를 추구하며 세계인에게 스스럼 없이 다정하고 따뜻한 마음으로 두 팔 벌려 접속하였다. 마이너 중 마이너로 살면서 스스로의 가치를 지키면서도 보이지 않는 무형의 가치를 추구하며 전 세계를 움직이는 이들. 이것이 진정한 매력이 아닐까?

그렇다면 나도 진정한 매력이 있는 마이너, 아싸로 살고 싶다.

자연의 소리에 민감해지면, 우리는 인류와 자연이 자신의 본 모습이 찾은 세계, 그 세계의 소리를 듣게 될 것이다. 그리고 금반지에 박힌 사파이어처럼 자연에 박힌 모든 피조물을 진심으로 돌볼 수 있게 될 것이다.

_헨리 나우웬, 『분별력』, 포이에마

중국인

세계 2위 경제 대국 중국인들을 향한 애증의 시선

1) 아메리칸드림? 나는 차이나드림

1986년, 서울에서 태어난 내가 7세였던 해인 1992년에 오랫동안 단절되었던 한국과 중국의 공식적인 수교가 이루어졌다. 14억의 인구, 한반도의 44배에 달하는 면적의 영토를 가진 중국의 문이 열렸다. 그러자 우리나라 기업들은 거대한 소비 시장과 당시 국내 대비 낮은 임금의 노동력을 찾아 중국으로 향했다. 많은 사람들이 아메리칸드림을 찾아 미국으로 향했다면, 이들은 차이나드림을 찾아 오랫동안 문이 닫혀 있었던 광활한 대륙으로 향했다. 그 중 한 명이 나의 아버지였다. 나는 15세가 되던 해인 2000년도에 아버지를 따라 중국에 가서 고등학교와 대학교에 다녔고, 2009년 대학을 졸업하기까지 총 9년을 살았다. 2009년, 한국은 처음으로 전세계 수출 10위권에 진입을 했으며 중국으로 제일 많은 상품과 서비스를 수출했다. 내가 성장하며 줄곧 접했던 경제 뉴스는 중국의 놀라운 발전 속도, 그리고 거대한 중국 시장에서 한국 주요 기업들의 눈부신 활약에 대한 내용이었다.

2010년, 나는 대학 졸업을 하고 한국에 돌아와서 한국수출입은행 해외경제연구소 중국팀에서 인턴 생활을 마친 후, 당시 중국 시장의 글로벌 전체 판매 기여도가 약 30%에 달했던 현대기아차에 입사했다. 또, 1990년대까지만 해도 중국 전체 GDP에 대한 기여도가 20% 가까이 되었고, 전 세계 해가 지지 않았던 대영제국의 마지막 아시아 식민지였던 홍콩의 무역 촉진을 위해 설립된 정부기관의 대외협력 업무를 하며, 하나의 중국 안에서 중국인들이 바라보는 홍콩, 그리고 홍콩 사람들이 겪는 갈등을 이해하였다. 최근에는 중국의 세계적인 자율주행 기술 기업 포니에이아이의 한국 시장 진출을 돕는 업무를 하며 미국이 견제하는 중국의 첨단 기술 발전을 몸소 체감했다. 특히 중국의 MZ세대 엔지니어들의 기술력과 업무에 임하는 진지한 태도를 직접 보았다.

이런 나에게 과거 이념 갈등으로 인해 비행기로 한 시간

반 거리인 서울과 베이징의 모든 관계가 단절되던 시기가 존재했던 역사적 사실이 상상되지 않는 것은 어쩌면 당연한 걸지도 모르겠다. 2003년부터 무려 20년 연속 한국의 상품과 서비스가 제일 많이 향한 나라는 중국이다. 한국의 많은 사람들이 지리적으로, 문화적으로 가까운 중국인들과 직간접적으로 관계를 맺으며 살아가고 있는 것이다.

한국 수출 대상국 순위 추이

순위	1978	1983	1988	1993	1998	2003	2008	2013	2018	2023
1	미국	미국	미국	미국	미국	중국	중국	중국	중국	중국
2	일본	일본	일본	일본	일본	미국	미국	미국	미국	미국
3	사우디아라비아	사우디아라비아	홍콩	홍콩	중국	일본	일본	일본	베트남	베트남
4	독일	영국	독일	중국	홍콩	홍콩	홍콩	홍콩	홍콩	일본
5	영국	홍콩	영국	독일	대만	대만	싱가포르	싱가포르	일본	홍콩
6	홍콩	독일	캐나다	싱가포르	스위스	독일	대만	베트남	대만	대만
7	캐나다	이란	싱가포르	대만	영국	싱가포르	독일	대만	인도	싱가포르
8	네델란드	캐나다	사우디아라비아	인도네시아	싱가포르	영국	러시아	인도네시아	필리핀	인도
9	쿠웨이트	쿠웨이트	프랑스	인도	독일	말레이시아	멕시코	인도	싱가포르	호주
10	프랑스	인도	대만	태국	말레이시아	인도네시아	인도	러시아	멕시코	멕시코

출처: 무역협회

한편, 2023년 우리나라의 대중 무역수지가 1992년 한중 수교 이후 처음으로 적자를 기록했다. 최근 한국은행은 중국이 기술 경쟁력을 키우면서 한국 경제가 과거와 같은 중국 특수를 누리기 어려워졌다고 분석했다. 2017년까지만 해도 내가 그랬던 것처럼 청운의 꿈을 안고 중국으로 향한 한국 유학생들의 수는 약 7만3천 명이었고, 미국으로 향한 유학생들 수는 약 6만 명이었다. 그 후 중국으로 향한 한국 유학생들은 점점 줄어들었다. 2023년 중국 내 한국 유학생은 약 1만4천여 명, 미국 내 한국 유학생은 약 4만 명으로 나타났다. "내 아들과 며느리 모두 지금은 뉴욕에서 일하고 있어요. 아들 어렸을 때 중국어 교육시켰는데, 지금은 한국 기업들이 중국 시장에서 고전하고 있으니 중국어 배우려는 사람들이 예전만큼 많지 않은 것 같아요." 업무로 만났었던 90년대생 아들을 둔 어느 중년 여성과 나누게 된 담소 중 나왔던 말이다. 난 생각했다. 중국 사람들을 소비자, 즉 우리가 만든 상품과 서비스를 사는 구매자로만 생각하면, 더 이상 공부할 필요를 못 느낄 수도 있겠다. 하지만, 범지구적 사고를 하는 사람이라면 우리와 가장 가까운 이웃이자 세계라는 거대한 공동체를 구성하는 나라 중에 사람 수가 제일 많은 중국(2023년 인도의 인구 수가 처음으로 근소하게 중국의 인구 수를 넘어섰다.)을 여전히 호기심 가득한 마음을 가지고 대하며, 그들을 더 잘 알고 싶어 하지 않을까?

2) 세계 어디를 가도 이들을 피할 수 없다

중국인은 인구의 수로 따지면 세계 속의 주류이다. 세계를 구성하는 중국인들은 중국 국적을 가지고 있는 14억의 중국인, 그리고 중국을 떠나 다른 나라에서 정착하여 다른 나라 국적을 획득하여 거주하고 있는 화교인들이 있다. 화교는 중국에서 태어나 다른 나라에 정착하여 활동하는 사람들로 전 세계적으로 약 5,000만 명 정도로 추산되며, 이는 한국의 전체 인구 수에 버금간다.

각종 뉴스와 위키에서는 다음과 같이 화교의 영향력을 통계로 소개하고 있다. 아시아 33개국 약 4,264만 명, 미주지역 32개국 357만 명, 유럽 24개국 161만 명, 대양주(오세아니아) 15개국 57만 명, 아프리카 32개국 13만 명 정도다. 국가별로 보면 인도네시아 731만 명, 태국 610만 명, 말레이시아 528만 명, 싱가포르 229만 명, 필리핀 220만 명, 미얀마와 미국 각 200만 명, 베트남 190만 명 순이다. 한국은 순수 화교만 3만 명 정도다. 이렇게 전 세계 각지에서 형성된 화교 자본은 상당하다. 특히 동남아시아 지역의 산업 비율 중 적게는 50%, 많게는 80%를 화교 자본이 차지하고 있다. 또한, 동남아시아 주요 도시(방콕, 쿠알라룸푸르, 싱가포르, 자카르타, 마닐라 등)의 상장사 중 화교가 운영하는 기업은 약 70%를 차지한다. 한국과 일본을 제외한 동아시아 경제를 화교 자본이 장악하고 있다고 해도 과언이 아니다.

_조은상, 『화교 경제권의 이해』, 커뮤니케이션북스

중국의 표준어 만다린(Mandarin)은 영어 다음으로 세계에서 가장 많이 쓰이는 언어이다. 유대인이 전 세계 인구 0.2%의 마이너 중에 마이너였다면, 이들은 전 세계에서 차지하는 비율이 무려 17.4%로, 세계인을 구성하는 비율이 지구상 존재하는 국가 중 가장 높다. 2023년 4월, 유엔은 인도의 인구 수가 중국을 넘어섰다고 발표한 바 있는데 이는 많은 중국인들에게 큰 충격을 주었다.

국가별 인구 순위

List of countries and territories by total population

	Location	Population	% of world	Date	Source (official or from the United Nations)	Notes
–	World	8,127,721,171	100%	22 Sep 2024	UN projection[3]	
1/2	China	1,409,670,000	17.3%	31 Dec 2023	Official estimate[5]	[c]
[b]	India	1,404,910,000	17.3%	1 Jul 2024	Official projection[6]	[d]
3	United States	335,893,238	4.1%	1 Jan 2024	Official estimate[7]	[e]
4	Indonesia	281,603,800	3.5%	1 Jul 2024	National annual projection[8]	
5	Pakistan	241,499,431	3.0%	1 Mar 2023	2023 census result[9]	[f]
6	Nigeria	223,800,000	2.8%	1 Jul 2023	Official projection[10]	
7	Brazil	203,080,756	2.5%	1 Aug 2022	2022 census result[11]	
8	Bangladesh	169,828,911	2.1%	14 Jun 2022	2022 census result[12]	
9	Russia	146,150,789	1.8%	1 Jan 2024	Official estimate[13]	[g]
10	Mexico	129,713,690	1.6%	31 Mar 2024	National quarterly estimate[14]	

출처: Wikipedia

전 세계 어디를 가도 차이나 타운이 있고, 그들은 근면하고 부자라는 인식이 강하다. 나는 2016년, 영국 런던을 여행했을 때, 런던 시장 명의로 된 중국 최대 명절인 춘절(한국의 구정) 페스티벌 개최 광고문이 도심 곳곳에 설치되어 있는 것을 보고 깜짝 놀랐다. 영국에서 중국인 커뮤니티를 존중하는 것이 몸소 느껴졌기 때문이다. 2024년 2월 구정에는 미국 대통령과 부통령 모두 새해 인사 메시지를 자신의 인스타그램에 게시했다. "Happy Lunar New Year!"

또한, 카말라 해리스(Kamala Harris) 미국 부통령은 미국 화교들을 배려하여 중국 광둥어로 인사를 하는 영상을 그녀의 인스타그램에 올렸다. 그리고 중국의 춘절 문화를 영어로 소개하며 축하하였다.

"새해 복 많이 받으세요!

음력 설은 문화와 전통을 기념하는 시간이죠.

행운, 힘, 용기, 목적을 되새기고 축하하는 2024년 용의 해,

우리 모두의 목표, 책임, 미국의 약속에 대한 낙관론을 실현합시다."

"Gung Hay Fat Choy! When we think about Lunar New Year, it is a time to celebrate culture, to celebrate tradition. In this Year of the Dragon 2024, which is a year that is the celebration of good luck, of strength, of power, of purpose, let us fulfill our goals, our responsibility, and our optimism about the promise of America."

자신의 인스타그램을 통해 구정 인사를 하고 있는
카말라 해리스(Kamala Harris) 미국 부통령

아니, 어떤 모습이 진짜일까? 미중 패권 다툼으로 미국이 중국을 견제하는 여러 정책적, 군사적 움직임을 다루는 뉴스 헤드라인들이 한국인들로 하여금 알 수 없는 불안감을 느끼게 하더니, 정작 미국 부통령은 미국에서 열린 중국 춘절 축제에 참석하여 중국 전통과 문화를 존중하고 축하했다. 춘절 축제를 즐기는 그녀의 얼굴은 진정 행복한 모습이다.

중국 화교 상인들은 1990년대부터 런던, 싱가포르, 홍콩 등 전 세계 주요 도시에서 주기적으로 '세계화상대회(WCEC,

World Chinese Entrepreneurs Convention)'를 개최한다. 문화적 동질성을 기반으로 화교 기업들의 경제적 이익을 추구하기 위한 목적으로 설립된 글로벌 화교 기업인 네트워크는 중국과 세계를 연결하는 허브 역할을 한다. 2021년, 이들이 한국 경남 창원에 모인 바가 있고, 나 또한 홍콩의 무역 촉진 공무를 위해 참석을 했다. 코로나 방역 지침으로 인해 온라인으로 진행된 회의들이 많았지만, 이들을 서울이 아닌 경상남도 창원까지 발길과 마음을 닿게 한 것은 의미 있는 일이었고, 현지 기업들에게는 활력이 되었다.

3) 당신은 본토 사람인가요, 아니면 화교인가요?

2019년, 홍콩에서 주최한 어느 비즈니스 포럼에 한국 정부 및 기업인들과 함께 참석했을 때, 당시 전 세계 화교 집단을 이끄는 홍콩 신세계 그룹 조나단 초이(Jonathan Choi Kun-shum) 회장에게 한국중화총상회 회장과 함께 내가 인사를 하자 그는 온화한 미소를 한 얼굴로 나에게 물었다.

"당신은 한국 본토인인가요? 아니면 화교인가요?"
"저는 중국에서 유학을 한 한국 사람입니다. 만나서 반갑습니다.

지난해 서울에서 열렸었던 포럼 때 뵈었었는데, 기억하실지 모르겠네요."

"그야 물론이지요. 당연히 기억하고 말고요."

그는 누구든지 그와 인사하고 이야기를 나눠보면 같이 일하고 싶다는 느낌이 들 정도로 밝고 활기찬 에너지와 상대방을 높여주는 깍듯한 매너를 갖췄다. 사실 이런 개방감과 젠틀함은 내가 만나 본 많은 홍콩 기업인들이 갖춘 소양이다. 누구에게나 열려 있는 국제 무역을 위한 도시 홍콩의 정체성처럼 개개인 역시 놀라울 정도로 타인에 대해 열린 사고방식을 지녔다. 아무리 높은 직책을 가진 사람이라도 비즈니스 미팅이나 네트워킹 시 본인과 직접적으로 연관이 없을 것 같은 사람들에게 스스럼없이 다가가 먼저 인사를 하고 명함을 교환한다. 직급은 무관하다. 모든 일은 사람과 사람과의 연결로 시작되는 것. 그리고 평판은 언제든 어느 순간에나 그리고 아주 작은 일을 통해서도 영향을 줄 수가 있고, 이는 바로 비즈니스에 있어서 가장 중요한 신뢰로 이어진다는 것을 모를 리 없다. 초이 회장의 질문은 그냥 편안한 대화를 하기 위한 질문이었을 수도 있었지만, 한국에서 화교들이 역사적으로 겪어온 차별을 알고 있기에 내가 한국인인지 화교인지 궁금했을 것이다.

한국전쟁 전 중국에서 한국으로 와서 정착한 사람들을 노화교라고 하며 이들은 대부분 대만에서 왔다. 1992년 한중 수교 이후 건너온 사람들은 신화교라고 하며 대부분은 중국 본토에서 왔다. 이들은 1900년대 초반 서양 문화를 우리보다 앞서 받아들였던 중국 상하이 등의 문화를 받아들여 서울에서 양장점을 운영하며 앞서가는 패션을 선보였고, 정부 관료들의 고급 연회 장소였던 중화요리점을 운영하였다. 1980년 대까지만 해도 한국 화교들은 해외 화교 상인들과의 네트워크로 비단, 모시, 삼베 등을 독점 수입과 공급을 하며 무역 수완을 발휘하였고 경제적 풍요를 누릴 수 있는 역량을 갖췄었다. 하지만, 한국 정부는 화교들의 경제적 능력이 강화되는 것을 지속적으로 견제했다. 1961년 외국인 토지 소유 금지법으로 화교들의 부동산을 압수하고 소유 규모를 제한하였다. 따라서, 전 세계 어디를 가도 화교 상인들이 가지고 있는 부유하다는 인식은 우리나라 화교에게는 적용되지 않는다.

_이정희, 『화교가 없는 나라』, 동아시아

우리는 미주나 유럽에서 아시아인이 인종 차별을 겪는 뉴스에 분노한다. 일본에서 행해지는 한국 관광객을 향한 와사비 테러에 분노하고, 일본에서 살고 있는 재일 동포가 차별받는 것에 분노한다. 그러나, 한국 사회에도 출신 배경과 같이 개인이 정할 수 없는 운명적 요인을 기준으로 배척당하고 무시당한 이들이 존재해 왔다는 것. 나는 중국에서 유학을 했음에도 이 날 홍콩중화총상회 회장과의 마주침이 없었더라면, 모르고 지나쳤을 불편한 사실이었다.

4) 공자 나라의 가치 경영

중국 자동화 기업 비전 나비 로보틱스 마케팅 디렉터인 아이리스 첸은 로봇은 인간의 자율성을 높일 수 있다며, 이제 단순 노동은 AI로 대체가 가능하다고 한 국내 인터뷰에서 언급했다. 육체적인 노력이 많이 들어가는 힘든 노동은 기계로 대체하고, 이제 사람들은 좀 더 고차원적인 일을 할 수 있다고 설명했다. 디렉터 첸은 그녀의 기업이 궁극적으로 구현하고자 하는 가치는 인간의 자율성과 자주성 회복이라고 했다. 고령자가 겪는 설비 오작동에 의한 안전 사고 문제나 지방에서 나타나는 젊은 층의 노동력 부족 문제를 로봇이 해결할 수 있다면서 말이다.

"오늘날 중국의 젊은 사람들은 이런 단순한 일들을 싫어합니다. 한국도 마찬가지일 것이에요. 이를 기계가 대체하게 되면 사람들은 이제 더 이상 의미를 느낄 수 없는 단순 노동을 억지로 할 필요가 없습니다. 사람들은 이제 창조적인 문제를 푸는 데 더욱 집중할 수 있는 거죠."라고 아이리스 첸은 말했다.

<2022. 4. 10. 노동법률>

나는 이 당당하고 자신감 있는 1980년대생 중국인 여성 마케팅 디렉터가 해외 시장 확장을 위해 한국에 방문하여 한국 기자들에게 기업의 원대한 비전과 철학적 가치에 대해서 설명한 것이 매우 인상깊었다. 특히, 전 인류의 비전과 기업 존재의 이유, 사업 목표를 연결시켜, 대내적으로 임직원들에게 그들이 하루하루 행하는 일에 대해 강력하고 명확한 의미를 부여하고, 대외적으로 고객들에게 확실한 가치 제언을 한 것에 감탄을 하지 않을 수가 없었다. 아이리스 첸의 인터뷰 내용은 단순히 생산성, 가시적인 성과, 그리고 경직된 조직 문화에서 일을 하는 사람이라면 생각조차 하기 힘든 단어들이

다. 마케팅 활동의 일환으로 기업의 가치를 알려야 할 때, 기업이 추구하는 미래의 비전과 가치에 대해 기업 내부적으로 합의가 먼저 이뤄지고 정립이 되어야 하는데, '자율성', '자주성', '창조성'과 같은 단어는 많은 한국인 임원들에게는 생소하다. 특히, 대량 생산 경영 방식에 익숙하여 아젠다 중심이 아닌 직원들의 근로와 노동 시간을 통제하고 푸쉬하며 쥐어짜는 관리자들에게는 더욱 더 그렇다.

오늘날 인간에 대한 근본적인 이해가 없는 기업은 유능한 인재를 놓칠 뿐만 아니라 고객들에게도 매력적일 수 없다. 나는 나의 또래인 이 중국 MZ 여성 마케팅 총괄의 넓은 세계관과 통 큰 추진력에 강렬한 인상을 받을 수밖에 없었다. 뼛속 깊이 내재화된 세계의 중심 중국인의 당당함과 자부심이 기업의 '영혼'인 브랜드 가치와 마케팅 활동에도 나타나는 것이다. 나에게 아이리스 첸의 인터뷰 내용은 공자 나라 사람들이 창조해 내는 동양 철학과 현대 기술의 짜릿한 결합으로 느껴졌다.

2024년 세계 150여 개 국에서 약 4,300여 개 기업이 참가한 미국 세계 최대 가전·정보 기술 전시 CES(Consumer Electronics Show)에 가장 많이 참여한 국가는 약 1,100개 기업으로 중국이었다. 전체 25%에 달한다. 한국은 중국, 미국에 이어 세 번째로 많았다. 독일 하노버에서 개최되는 산업 자동화 전시인 2024년 하노버 매세(Hannover Messe)에 전체 60개국 4,000개 기업이 참가했다. 이 중 약 30%가 중국 기업이다. 이들은 필립스, 지멘스 등 독일의 주요 기업들을 고객사로 두고 있다. 여러 고부가가치 영역에서 중국 기업들은 놀라운 기술력으로 전 세계를 무대로 활발하게 사업을 영위하고 있다.

"샤오미, 유럽서 삼성폰 제치고 1위" ＜2021. 8. 8. ZD Net Korea＞

"BYD, 글로벌 EV 시장 점유율 '20.6%'로 1위…현대차는 4.4%" ＜2023.11.09. 전기신문＞

"차이나모바일, 세계 최초 6G 통신 테스트용 위성 발사 성공" ＜2024. 2. 5. 조선일보＞

"中 세계 최대 규모 자율주행차 시험 운행 중" ＜2024. 06. 14. 뉴시스＞

"유엔 '세계 생성형 AI 특허 출원 6년간 8배 급증…中 선도'" ＜2024. 07. 03. 연합뉴스＞

2022년, 나는 국내 기업의 한 물류 창고 자동화 프로젝트를 수행하기 위해 중국 항저우에 본사를 두고 있는 한 중국 기업의 소프트웨어 개발자들과 함께 일을 한 적이 있다. 90년대생 Z세대 중국 소프트웨어 개발자들의 자신감, 활기참, 열정의 에너지도 새로웠지만, 이들이 한국 엔지니어들에게 무인 운반차(Autonomous Guided Vehicle)의 설계, 운영 방식, 그리고 고객 현장 대응법에 대해서 교육을 하는 현장에 있었던 나로서는 감회가 새로웠다. 내가 기아차에 근무했던 2015년까지만 해도 내 주위 많은 한국 엘리트들이 인식하는 중국인들은 외국의 기술을 배워서 혹은 사서 쓰는 소비자들이었다. 그러나, 그로부터 7여 년이 지나 업무로 만난 중국 파트너사들은 고부가 가치 산업에서 앞선 기술력의 상품과 서비스를 한국뿐만 아니라 전 세계 시장을 대상으로 수출하고 있었다. 당연하다. 사람은 발전한다. 누구나 미개의 수준에 머무르지 않는다. 한 국가 사람들에게 다른 나라 사람들의 상품을 소비만 해주기를 기대하는 것. 우리 안에 우리가 그렇게도 좋지 않은 시선으로 바라봤던 서구와 일본이 야만적으로 시장을 개척했던 사고가 녹아져 있는 경제 식민지 사고방식의 잔재가 아닐까.

전 세계인의 연결성은 매년 강화되고 있다. 정보와 교육에 대한 접근성은 누구에게나 열려 있으며, 인간은 끊임없이 배우고 성장하고 도전한다. 중국 기업들은 높은 수준의 과학 기술을 발전시켜 자국 시장뿐만 아니라 전 세계 시장을 무대로 전지구적인 관점을 기반으로 경영 철학을 내세워 경쟁력을 키우고 있다. 이제 평준화되고 있는 기술, 품질, 제품 출시 속도 및 가격으로 경쟁하는 것은 지속 가능하지 않다. 누군가는 비슷한 기술과 품질로 더 싸고 빠르게 물건을 시장에 선보일 것이기에. 직원들은 속도전과 가격 경쟁으로 소모될 뿐이고, 피곤하고 지친 사람들이 모인 기업에서는 진취적으로 미래를 향해 도전하고자 하는 활력을 기대하기 어렵다. 직원들이 스스로 기업의 성장에 기여하고자 하는 자발성을 기대하기 어렵다. 스마트하게 일하는 문화가 만들어질 수 없다면 그 기업은 서서히 죽어갈 뿐이다. 최근 동남아 시장에 많은 국내 기업들이 제조업 기지를 두고 있으며, 그들을 노동자와 소비자로 인식하고 있다. 중국 대체 시장이라면서 말이다. 하지만 분명 그들도 고유의 이야기를 가지고 있고 잠재력과 창조력을 지닌 사람들이라는 것을 기억해야 할 것이다.

5) 나는 안티 차이나

화이부동(和而不同, 타인과 조화를 이루지만 그저 남들 하는 대로 따라하지 않는다는 뜻)은 중국 사람들이 보편적으로 가지고 있는 마음 자세이다. 역사적으로 수많은 다른 문화와 풍습을 가진 민족들이 화합하여 공존해야 했던 중국인들은 주위 사람들과의 조화를 중요하게 생각한다. 그렇지만 중심은 쉽게 동화되지 않고, 본인의 정체성을 지킨다. 나는 한국인들과 일을 할 때보다 중국 사람들과 일을 할 때, 각 사람의 개별성을 인정하는 포용력이 강한 마인드가 느껴질 때가 많다. 워낙 다양한 풍습과 언어를 가진 민족들이 모이고, 또 많은 이웃 나라들과 국경으로 접해 있어서 그런지, 나와 다른 언어를 구사하고 다른 가치관을 가진 사람들을 대할 때, 중국인들은 경계를 하거나 우열을 따지거나 하기보다는 자신과 다름 자체를 존중하는 태도가 강하다. 적어도 내가 만나본 중국 사람들은 그런 느낌을 주었다. 2015년 "중국은 이미 한국은 안중에도 없다."라고 언급한 서울대 모 교수에 대한 평가가 여럿 갈렸다. 난 그의 모든 의견에 찬동하지는 않지만, 적어도 내가 접해왔던 중국 사람들의 사고는 전 세계를 향해 있지, 한국만을 특별히 예의주시하고 있지 않다는 의견에 동의할 수밖에 없다.

2019년, 평화와 번영(Peace and Prosperity)의 주제로 제주에서 개최되었던 통일부 장관 주최 포럼 및 만찬 때, 나와 같은 테이블에 앉아있던 어느 중년 남성이 나와 명함을 교환하자마자 대뜸 하는 말이었다.

"나는 '안티 차이나(Anti-China)'야!"

아니, 방금 처음 만나 인사를 나눴고 게다가 공적인 석상에서 옆에 앉아있었던 다른 사람들의 시선은 안중에도 없는 그의 태도에 나는 무척 당황스러웠다. '평화'와 '번영'을 논의하기 위해 수많은 국내외 고위급 인사들이 모인 이 자리에서 특정 국가를 혐오한다는 자신의 입장을 그렇게도 분명히 대놓고 언급하다니. 같은 테이블에 앉아있던 6명 중 모두 국내 연구 기관 소속이었고, 오직 나만 중국의 한 도시인 홍콩 공기업 소속이었다. 알 수 없는 소외감이 느껴졌다. 알고 보니 그 중년 남성은 미국 아이비리그 대학에서 박사 학위를 수료한 국내 한 명문대학교의 교수였다. 한국 주류의 오피니언 리더 중 한 사람인 그의 지엽적인 세계관과 타인을 향한 공격적인 언행을 보이는 것에 놀라지 않을 수 없었다. 이같이 공석에서 특정 국가를 혐오한다고 당당하고 스스럼없이 의견을 표현하는 모습은 중국 고위급 인사나 지식인들에게는 거의 찾아 볼 수 없다. 물론, 내가 만났던 중국 사람들의 특징을 모든 중국 사람들의 특징으로 일반화할 수는 없겠지만 업무적으로 만났었던 대부분 중국인들은 타인에게 무안함을 줄 수 있는 직접적인 표현을 피하려고 노력했다. 그렇다고 이는 소극적이고 수동적인 태도가 아니다. 중국인들은 유구한 역사와 찬란한 문명과 문화적 우월성에 대한 강한 자부심을 느끼며, 전 세계의 중심이라는 강한 주체성이 있다.

한국인이 중국인을 비하할 때 '짱깨'라는 단어를 사용한다. 나는 일을 하는 현장에서도 심심치 않게 들을 수 있었다. 놀라울 정도로 거의 모든 직장에서 만난 한국인 동료들로부터 중국인 비하의 말을 들었다. 한 번은 한국의 한 명문대를 졸업한 나의 여성 동료가 회사에서 '짱깨'라는 비속어를 사용하는 것을 들었다. 그녀는 15년 이상 한 대기업에서 일을 하며 나름 학업과 일적으로 성공적인 삶을 살고 있었던, 겉으로 보기에 우아하고 지적인 여성이었기에 그녀의 말에 나는 더욱더 놀라지 않을 수 없었다. 한 미국 IT회사에서 근무하고 있는 중국인 엔지니어와 나눴던 대화 중 그의 말이 기억난다. "재밌는 건 중국 사람들은 미국에 가도 존중을 받고, 차별받는 느낌을 잘 못 느껴. 미국 사람들은 사실 다양성에 대해 세계에서 가장 열려 있고, 나와 다른 의견에 대해 그 어느 나라 사람들보다 가장 참을성이 있는 사람들이야. 그렇지만 한국에만 오면 무시당하는 느낌이 들어. 많은 중국인 친구들하고 이야기를 하면 비슷한 의견을 가지고 있어." 나는 헛웃음만 나왔다. 창피함, 상실감 그리고 슬픔 같은 느낌이 섞인 복잡한 감정을 느꼈다.

세계인을 품어야 할 자랑스러운 한국의 수도 서울과 어울리지 않은 현수막을 보고 나는 씁쓸했다. 공교롭게도 이 현수막을 발견한 날은 중국 비즈니스 파트너들과 서울의 한 곳을 지나가던 중이었다. 자동차 안 조수석과 내 옆자리에 중국 명문대 출신 MZ세대인 나의 비즈니스 파트너 두 명이 앉아있었다. 다행히 그들은 한국어를 못 하는 친구들이었다.

"한국은 중국과 미국 중 한 나라를 선택해야 할 수밖에 없어." 2017년, 어느 한 40대 홍콩 공무원이 나와 사적인 근황 토크에서 한 말이다. 1841년부터 무려 156년 동안 존속했던 영국의 식민지였던 홍콩이 1997년 공식적으로 중국에게 반환되었다. 그후 2047년까지 50년 동안 약속되었던 홍콩의 영국식 자본주의 시스템 유지 가능성에 대한 의심이 심화되며 홍콩 사람들은 격심한 내적 갈등을 겪었다. 실제로, 내가 아는 많은 80년대생 홍콩 사람들은 캐나다와 영국 등의 나라로 이주했다. 서양 국가들과 중국의 경제 협력을 위한 관문 (gateway) 역할을 활발하게 하며 홍콩의 황금기를 경험했던 홍콩 기성세대 주류들이 약간의 질투 어린 마음으로 오늘날 한국을 바라보는 입장이라는 것을 나는 눈치챘다.

나는 줄곧 아니라고 말했다. 우리는 주체적으로 사는 사람들이라고. 북한과 원래 한 나라였기 때문에 언제나 친구가 될 수 있고, 미국, 중국, 일본, 유럽, 동남아 등 그 누구와도 협력할 수 있지만 맹목적으로 지배당하고 따르는 일은 없다고. 작은 체구의 한 젊은 한국 여성이 하는 말치고는 당찬 의견이다. 지금 돌아보면, 중국 대륙에서 공부하며 영향을 받앉던 세계 중심적 사고와 한국 대기업에서 글로벌 마케팅 업무를 하면서 일상적으로 접했던 세계 지도와 다양한 국가의 자료를 봐왔던 경험이 형성한 나의 세계관이고 사고방식이었다.

자신의 운명을 정할 수 없는 나라, 한국과 한국인들에 대한 그의 시선이 경의와 존경으로 바뀌었던 것은 2018년 남북한 두 정상이 악수를 하고 판문점 다리 위를 함께 걸으며 대화하는 모습이 방송을 통해 전 세계인들에게 생중계되었을 때이다. 그리고 한국 대통령이 북한 지도자 김정은과 미국 대통령 트럼프를 다룰 수 있는 위대한 협상가라고 미국 시사 주간지 〈Time〉 커버를 장식했을 때이다. 당시, 국내에서 개최되는 그 어느 대외경제협력 포럼에 가도 북으로는 유럽까지, 남으로는 동남아와 연결이 되는 세계 중심인 한반도를 그리는 비전에 대한 토론이 활발했다. 나는 깨달았다. 개인이든, 그 개인들이 모인 공동체인 국가든, 다툼과 대립보다는 '평화', '연결', '협력'을 외치고, '주체성'을 가지고 '자립'할 수 있는 능력이 곧 타인이 경외심을 가지고 대할 수밖에 없는 한 인간과 나라의 '위엄'이고 '매력'이라는 것을.

2019년, 나는 제주도 수출 기관 및 기업 대상으로 홍콩 무역 세미나 개최를 위해서 주제주중국영사관 부총영사님과 독대 미팅을 한 적이 있다. 고작 33세에 실무를 맡고 있던 나를 맞이하기 위해 부총영사님이 직접 나오셨다. 그는 영사관 안 중국 오성기가 걸려있는 VIP 회의실로 나를 안내하였다. 공무를 할 때 회의 안건에 따라 참석자들의 직책을 맞추는 것은 중요하다. 만약 그렇지 않으면 상대에게 결례가 될 수 있다. 나는 실무 논의를 위해 방문을 한 것이었는데, 분명 사전 커뮤니케이션 과정에서 오해가 있었고, 실례가 되었다는 생각에 후다닥 회의를 마치고 나왔다. 그 후로부터 몇 달이 지나 한 국제 행사에서 우연히 저 멀리 부총영사님이 지나가시는 걸 봤는데, 그 경직되고 딱딱했던 중국 공무원의 모습은 없고 나를 향해 입이 양쪽 귀에 걸릴 정도로 활짝 웃으시는 게 아닌가. 저 멀리서 손을 번쩍 들어 흔들며 반갑게 인사해 주시는 모습은 영락없는 따뜻한 이웃 아저씨의 모습이었다.

아, 세상에는 모두가 각자 소속된 국가, 체제, 교육, 문화 안에서 각기 다른 삶을 살아가고 있지만, 진실된 마음은 모두를 연결되게 하고, 그 누구와도 친구가 될 수 있구나! 이

깨달음을 얻고 나는 알 수 없는 자유함을 느꼈다.

특정 집단을 향한 맹목적인 혐오는 옳지 않다. 건강한 민주주의를 유지하기 위해서는 두려움 없이 서로를 만날 수 있고 무례하지 않게 반대 의견을 낼 수 있으며 자신과 하나도 닮지 않은 사람들과도 친구가 될 수 있어야 한다.

_브라이언 헤어·버네사 우즈, 『다정한 것이 살아남는다』, 디플롯

독일인

세계가 신뢰하는 사람들

1) 세계가 인정하는 Made in Germany

그 언젠가 한 미국 교포 남성과의 짧은 대화를 나눈 적이 있었는데, 이는 나에게 강한 인상을 남겼다. 그는 미국에서 태어난 한국 이민 2세 변호사로 전문직 부모님의 보살핌 아래 미국 동부의 한 부촌 도시에서 경제적으로 윤택한 삶을 살았다. 그의 한국어 실력은 유치원생 수준으로 서툴렀기에 그와 나누었던 대부분의 대화들은 기억에서 사라졌지만, 너무나도 강력한 말이 나의 뇌리에 아직도 남아있는데, 바로 "America is number one in the world(미국이 전 세계에서 최고야.)." 라는 말이다. 그 말을 듣고 순간 뭔가 알 수 없는 찝찝한 감정을 느끼지 않을 수 없었다.

글로벌 리더십이라고 하면 많은 한국 사람들은 미국을 떠올리겠지만, 정작 세계인들은 독일을 가장 존경한다. 미국의 한 여론조사 기관 갤럽(Gallup)에 의하면 독일은 2022년까지 6년 연속 전 세계에서 가장 훌륭한 리더십을 가진 나라라고 평가되었다. 또한, 그들이 만드는 상품과 서비스에 대한 신뢰도도 높다. 독일의 한 조사에 따르면 전 세계 23개국에서 50%가 넘는 응답자가 독일에서 만든 상품(Made in Germany)에 대해 가장 좋은 평가를 내렸고, 독일은 제품 원산지 선호도 1위를 차지했다. 즉, 독일 사람들이 만든 상품과 서비스라는 것만으로도 사람들이 구매 결정을 할 때 선택에 대한 고민을 덜게 된다는 것이었다. 이는 자연스럽게 구매로 이어질 확률 또한 높다는 것.

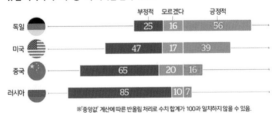

2022년 국가별 리더십 평가 조사

유럽 지역의 미·러·중·독 리더십 인식 ●단위 %

	부정적	모르겠다	긍정적
독일	25	16	56
미국	47	17	39
중국	65	20	16
러시아	85	10	7

※'중앙값' 계산에 따른 반올림 처리로 수치 합계가 100과 일치하지 않을 수 있음.

출처: 갤럽, 한국일보

나 스스로도 독일 사람들이 만든 제품이라면 사람과 환경에 유해한 물질을 넣지 않고, 과대 선전하지 않고, 좋은 품질에, 합리적인 가격으로 시장에 내놓을 것이라는 막연한 믿음이 있다. 그 동안 독일인, 독일 브랜드 등을 접해온 긍정적인 경험을 통해 내 머리 속에 각인된 인식이다.

독일 기업, 독일 비즈니스 하면 어떤 것들이 떠오르는가? BMW, 벤츠, 포르쉐 같은 멋진 자동차. 그리고 숙련된 엔지니어들. 딱딱한 이미지가 강하다. 그러나 독일은 자동차 브랜드들 외에도 다양한 산업 내 브랜드들이 있다. 아디다스와 같은 스포츠웨어 브랜드, 그리고 니베아 같이 저렴하지만 좋은 품질로 오랫동안 사랑받는 화장품 브랜드. 회사원이라면 익숙한 소프트웨어 브랜드인 SAP, 특송 물류로 유명한 DHL도 독일 브랜드이다. 최근 영국 브랜드 컨설팅사 인터브랜드가 매년 발표하는 글로벌 100대 브랜드에는 매년 조금씩 변동이 발생하지만 독일 브랜드는 항상 10개 이상 포함된다. 이 평가는 특정 지역에서만 사랑을 받는 브랜드가 아니라, 미주, 유럽, 아시아 등 지역별 성과가 골고루 분포가 되어 있어야 선정 자격이 된다. 우리나라 브랜드는 전자와 자동차 분야인 삼성전자, 현대차, 기아차, 이렇게 3개의 브랜드만이 포함되어 있다.

2) 스스로 알아서 탁월하게

내가 경험한 많은 독일 사람들은 누구나 주체성에 대해서 만큼은 탁월함을 지향한다. 누가 시켜서가 아니라, 자발적으로 내가 할 일에 대해 잘 알고, 완성도 높게 일을 한다. 독일 어린이들은 어렸을 때부터 비판적 사고를 하고, 자기만의 의견을 갖고, 옳은 결정을 내리는 것을 배운다. 독일인은 아주 어릴 때부터 부모님, 선생님에게도 주체성을 가진 인격체로 대우를 받고 자란다. 그 덕분일까? 그들은 기업에서 일을 할 때 상사, 부하 직원, 동료와의 관계, 그리고 거래처와의 관계 안에서도 주체적으로 임하며, 자기 스스로를 존중하는 만큼 타인을 향한 태도 역시 존중과 인정을 하는 게 기본이 되어 있다. 사회는 인간의 독립성과 자립심을 중시하고, 그럴만한 공간을 존중하고 허락한다. 가정, 학교, 직장 등 일상생활 전반에서 개인을 존중하는 문화가 강하게 구축되어 있다.

아래는 독일인들이 여러 다양한 나라 사람들과 관계를 가지며 비즈니스를 할 때, 다른 나라 사람들이 독일인을 어떻게 인식하는지 나타내는 표이다. 미국인과 영국인들이 보기에 독일인들은 강한 공동체 의식을 가지고 있다. 또한, 유교 사상이 강한 중국인과 한국인은 독일인들을 독립적인 성향이 강한 것으로 인식한다. 독일인들에게는 언제나, 어떤 상황에서도 자기만의 주체적인 의견을 갖는 것을 매우 중요하게 여기는데, 집단주의가 강하고 개인의 의사를 거의 표현하지 않는 일본인들이 느끼기에 이는 유독 두드러지는 특징처럼 여겨진다.

국적별 독일인에 대한 인식

독일인에 대한 인식	국적
독립적이고 자급자족함(Independent and self-sufficient) 원하는 것을 할 수 있는 자유가 있음(They have the freedom to do what they want)	브라질인, 인도인
아주 어릴 때부터 스스로 삶을 주도함(From a very early age, they lead their own lives)	한국인, 스페인인, 터키인
싱글로 지내는 것이 흔함(They often live as singles)	인도인
가족들과 자주 접촉하지 않음(A little contact with family)	브라질인, 중국인, 인도인, 한국인, 스페인인
가족들과 자주 접촉함(Close contact to the family)	영국인

공동체 의식이 강함(Strong sense of community)	미국인
모두가 자신의 의견을 가질 줄 알아야 하고, 개인 의사 표현이 매우 중요함(Everyone should state their opinion, personal opinions are important)	일본인
강한 의지와 의사 표현(Strong willed: one says no, contradicts, gets one's way)	중국인
일터와 가정에서 자기 일은 스스로 함(Work by themselves, both at work and at home)	인도인
휴가 계획을 알리고 보통 승인이 되며, 누군가는 항상 휴가 중임 (Make their holiday wishes known and are usually granted; someone is always on vacation)	일본인, 인도인, 스페인인
열쇠를 많이 가지고 있음(Have a lot of keys, since everyone locks their things away)	일본인

출처: Sylvia Schroll-Machl, 『Doing Business with Germans』, Vandenhoeck & Ruprecht

각자의 비판적인 사고를 통해 주변 현상과 사물에 대해 나름대로의 관점을 갖는 것은 중요하다. 본인이 수행하고 있는 일에 대해서는 더욱 그렇다. 기업에서 필요한 크고 작은 의사 결정을 하는 데 있어 사실과 데이터에 기반한 검토를 거치지 않고, 즉흥적인 판단에 의지하는 것은 빠르고 복잡하게 변하는 환경에서 시기적절한 대응이 아닐 수 있기 때문이다. 특히나 대기업의 경우, 미래를 기획하는 전략부서 안의 몇 명, 많게는 몇십 명의 직원이 결정한 기업의 방향성이 주주들에게는 물론이고, 수만 명의 근로자와 노동자에게 영향을 줄 수 있다. 따라서, 의사 결정자가 빈약한 근거로 기업의 방향성을 정하고 모든 직원들이 맹목적으로 따라가는 업무 방식을 취하는 것은, 독일인들의 일하는 문화에서 위험한 것으로 인식된다.

대부분 독일인들은 일을 할 때 업무 본질에 집중하고 현상에 대해 객관적인 시각을 유지하려고 노력한다. 이들은 사실과 근거를 바탕으로 모두가 각자의 의견을 가질 수 있어야 한다고 생각한다. 아무리 사소한 회의에 참석을 할지라도, 사전 준비를 꼼꼼히 하여, 참석자들의 소중한 시간 관리에 차질을 주지 말아야 한다고 믿는다. 만약 한국 기업 내부에서 자주 볼 수 있는 모습들, 예를 들어 사전 준비가 부족하여 장시간 길어지는 회의라든지, 납득이 가지 않는 업무 지시에도 아무 생각이 없이 따르는 직원들의 모습이라든지, 독일인들이 이런 모습을 보면 미개하다고 생각할 것이다. 우리나라를 둘러보면 타인의 의견을 존중하고, 누구에게도 무례하지 않는 방식으로 신중하게 검토된 나의 의견을 적절하게 표현하고 건설적인 논의를 하는 모습을 보기 힘들다. 국회 청문회를 보면 단순히 상대의 약점을 들추기 위한 목적을 가지고 질의를 하고, 심지어 욕설과 삿대질을 하는 장면들이 연출된다.

2014년, 오바마 미국 전 대통령이 한국에 왔을 때, 초청 국
가인 한국에 감사하는 마음으로 특별히 한국 기자들의 질문
을 받겠다고 기회를 주었다. 그러나 한국 기자 중 아무도 질
문을 하지 않자 오바마 대통령은 무척 당황해했고, 그 모습
의 영상이 10년이 지난 지금도 SNS에 회자되고 있다. 공식
적인 회의에서는 자기 의견을 가지고 건설적인 논의에 기여
하는 것에는 소극적이다. 그러나 익명이 보장되는 온라인 공
간에서는 남에 대한 비판이 거침없이 쏟아지는 현상을 본다.
무절제하고 감정적인 말에 누군가는 큰 상처를 받아 정신적
고통에 시달리고 심지어 목숨을 끊는다.

오늘날 독일인의 모습은 유대인 600만 명 학살을 정당화
시킨 히틀러라는 사람이 존재할 수 있도록 허락한 모든 독일
인들이 스스로 노력한 반성과 성찰의 결과이다. 그들의 특성
은 일을 할 때에도 주체성과 탁월성으로 구현된다. 다른 나
라 사람들에 비해 일 외에 사적으로 비즈니스 파트너를 알아
가거나 우호적인 분위기를 조성하는 노력이 비교적 없어 딱

딱한 사람들처럼 보일 수 있다. 이들에게는 과도한 마케팅과 영업 활동, 업무 외 만남, 식사와 같은 공식 업무 석상 외 개인 시간을 들이는 것이 업무에 있어 비본질적인 요소로 간주된다.

이들은 세계에서 가장 적은 시간 일을 하고 높은 생산성을 유지하며 긴 휴가를 즐기는 사람들이다. 뮌헨에 위치한 독일 기업 지멘스(Siemens) 본사에서 일을 하고 있는 나의 한 미국인 친구가 하루는 한국에서 직장 생활을 하고 있는 나에게 메시지를 보내왔다. "유민, 365일 오직 휴가만 생각하는 유럽으로 와!(Yoomin, come to Europe where everyone cares about only vacations!)" 미국인인 나의 친구가 느끼기에, 독일 회사에서 유럽 국적의 동료들은 오로지 휴가밖에 생각을 하지 않는 걸로 보이나 보다. 역사적으로 세계 곳곳에 식민지를 만들고, 노동자들을 남녀노소 가리지 않고 하루 16시간씩 공장에서 일을 시켰을 정도로 인간 존중에 대해 무감각하고 잔인했던 유럽인들. 그러나 오늘날 그들은 세계에서 가장 인권을 중요시 여기고, 일을 가장 짧게 하고, 여행은 가장 많이 하는 나라 사람이 되었다. 빨리 이것저것 시도하고, 실수하고, 성찰

하며 삶에서 중요한 본질을 깨달은 것일까?

독일은 미국 사람들에게도 가장 많은 휴가를 누리면서도 생산성에는 전혀 영향을 주지 않는다는 인식이 강하다. 아래는 한 미국의 유명한 카드 회사 아메리칸 익스프레스(American Express) 블로그에 올라온 글이다. 이 글은 미국인들이 독일인들을 어떻게 인식하고 있는지 잘 나타내 주고 있다. 같은 업무 시간이 주어진다면 독일인들은 미국인들보다 더 많은 일을 효율적으로 해내는데, 그것이 가능한 이유는 인간의 존엄성을 지키기 위한 필수 요소들에 대한 독일 사람들의 성숙한 인식이라고 설명하고 있다.

왜 독일인들의 휴일은 더 길고, 생산성은 더 높을까?
Why Germans Have Longer Vacation Times and More Productivity?

미국인들은 높은 생산성에 있어 중요한 요소가 시간이라고 생각하지만, 독일인들은 더 긴 휴일을 즐기면서도 같은 수준의 생산성을 창출한다.

(Americans consider time to be a factor for more productivity yet Germans manage longer vacations and get equal amount of productivity.)

관계보다는 업무 중심(Less Social, More Work)

독일인들은 일을 할 때 일의 결과를 가장 중요한 성과 지표로 간주한다. 미국의 업무 분위기는 좀 더 편안하고 사교적인 분위기인 반면, 독일의 직장은 업무의 질(quality), 개인 시간에 대한 존중을 강조한다.

대면 회의는 최소화(Less Meetings)

독일에서 관리자로 일을 했던 경험이 있는 한 미국인은 독일 근로자들은 문제와 직면하였을 때, 개인 선에서 해결하려는 경향이 강하고, 미국인들은 끝까지 관련자들을 모아 회의로 끝장을 보려는(meet it to the death) 경향이 있다고 언급했다. 독일인들은 개인 업무 시간에 더 많은 시간을 일에 할애하기에 결과적으로 더 높은 집중력을 보이며, 더 높은 성과를 가져오는 결과를 낳는다. 독일인들은 '회의를 얼마나 많이 오래 하는가'가 높은 생산성과 언제나 직접적으로 상관이 있는 것은 아니라는 사실을 일찍 알아차린 것 같다.

정부가 보장하는 휴가(Federally Mandated Vacations)

독일 연방 정부가 규정한 연간 휴가는 6주다. 나는 미국인으로서 무려 6주간의 휴가 시간을 갖는 것이 어떤 느낌일지 짐작조차 할 수 없다. 독일에서는 휴가는 협상의 대상이나 럭셔리가 아니고, 정부가 부여한 인간의 기본 권리이자 삶의 방식이다. 여기에 차이가 있다. 미국인은 휴가를 혜택, 보너스로 생각하는 반면, 독일인은 휴가를 삶을 구성하는 필수 요소로 여긴다는 것이다.

실직에 대한 두려움이 크지 않다(Fear of Job Loss Isn't As Big)

독일은 정부가 인간이 삶에서 필수로 필요한 많은 것들을 무료로 가능하게 만들었다. 동시에 사람들이 가지는, 그런 기본적인 것에 대한 걱정을 최소화시키려고 노력한다. 정부는 국민들에게 의료, 대학 교육, 보육 서비스를 무료로 제공하는데, 많은 미국인들에게는 독일인들에게 무료로 제공되는 많은 것들이 가장 큰 걱정거리다. 독일인들은 매달 지불하는 비용에 대해 걱정할 것이 많지 않기 때문에 생산적인 일에 더 집중할 수 있다.

출처: American Express 홈페이지

3) 다정하고 따듯한 개인주의

언제나 진지하고 자기 입장이 분명한 독일인들은 한국 사람들이 보기에 참 냉정하고 차가워 보인다. 하지만 이들과 친구가 되면 누구보다 찐한 다정함에 깜짝 놀란다. 베를린에서의 대학원 시절 룸메이트가 프랑크푸르트 출신 여성이었는데 이 친구의 키는 180cm에 달했고, 그녀의 남자친구는 무려 2m에 달했다. 독일 병정처럼 거대한 이 커플이 2019년 한국에서 직장생활을 하고 있었던 나에게 독일 프랑크푸르트에서 진행 예정인 자신의 결혼식에 초대한다는 초대장을 국제 우편으로 보냈다. 그것도 A4용지 한 면을 가득 채운 손편지로. 결혼식에 초대하고 싶으니, 내가 일정을 조율해서 독일행 휴가 계획을 세울 수 있는지 물어오는 것이었다. 결혼식으로부터 무려 1년 전에 나에게 초대장을 보내어 내가 충분한 시간을 가지고 휴가 계획을 조율할 수 있도록 배려하는 것이었다.

이 기회가 아니면 내가 또 언제 독일인 결혼식에 초대되어 독일 결혼 문화를 경험해 보겠나 싶었다. 나는 망설이지 않고 휴가 일정을 조율해서 독일로 가겠다고 메시지를 보냈다.

그러자 몇 주 뒤, 또 하나의 국제 우편물 꾸러미가 집에 도착했다. 그 안에는 1박 2일 동안 진행되는 상세한 결혼식 일정, 독일의 결혼 문화, 그리고 결혼식 행사 장소와 주변 숙소에 대한 안내가 있었다. 나는 그동안 한국에서 수많은 친구, 동료, 친척들의 결혼식에 초대받았지만, 결혼식 초대와 응답 과정에서 이렇게도 정중하면서도 동시에 정성스러운 호의를 느낀 적이 없었다. 감동이었다.

누구에게나 시간은 유한하고, 그 무엇도 시간만큼 소중한 것이 없다. 아무리 많은 돈을 준다 해도 인생에서 유한한 시간을 연장할 수 없다. 다른 사람에게 나를 위해 시간을 내어 달라는 것은 그 사람의 삶에서 그 무엇보다 소중한 것을 요구하는 것. 독일 사람들은 시간의 가치를 잘 이해하는 것 같다. 반면, 한국에서 대부분의 결혼식은 공장에서 상품을 대량 생산하듯 신랑 신부도 그렇게 생산이 되는 느낌이다. 정해진 짧은 시간 안에 행사는 재빨리 치러지고 하객들은 후다닥 밥을 먹고 헤어진다. 공간 이용 시간은 비용과 연결되기에 보통 빨리 빨리 끝낸다. 요즘에 나는 카톡으로 청첩장을 받기도 하는데, 축의금 버튼도 함께 딸려온다. 가끔 몇 년 동안 만난 적 없는 지인이 어느 날 갑자기 카톡으로 축의금 송금 버튼과 함께 메시지를 보내올 때면 당황스럽기 그지없다. 장소가 어디인지에 따라 하객에게 기대하는 축의금 액수가 달라진다. 기대에 어긋난 축의금 액수를 받게 되면 그 관계는 틀어진다. 관계가 돈으로 측정이 되는 한국의 축의금 문화. 초대를 하는 사람도 받는 사람도 모두 편하지가 않다. 함께 기쁨, 즐거움, 축복을 나눠야 할 특별한 축제의 날에도 돈과 스트레스를 주고 받아야 하다니!

독일인 친구 테레사의 결혼식 청첩장

독일은 제2차 세계 대전이 끝나고 서독과 동독으로 분리되었다가 1990년도에 들어 통일되었고, 유럽 연합에서 인구가 가장 많은 국가이며, 경제 규모는 미국과 중국에 이어 세계에서 3번째로 크다(2023년 GDP 기준). 독일은 지역 단위의 중소기업과 자영업이 활성화되어 있어 사회 경제적 구조가 상당히 안정적이고 조화롭다. 그래서 그런지 많은 독일 친구들은 아시아 사람들처럼 경쟁 평가에서 좋은 성적을 얻고, 특정한 몇 곳의 대학에 진학하여 대기업에 취직하거나, 의사나 교수와 같이 전문직 직업을 갖는 것만이 성공한 삶이라고 생각하지 않는다. 독일의 수도 베를린의 인구는 약 370만, 함부르크는 약 200만, 뮌헨은 약 150만 명으로 독일 사람들은 어느 특정한 거주지를 선호하여 인구가 쏠려 있는 도시가 없다. 앞서 언급했던 내가 사회 초년생 때 모 임원으로부터 들었던 '모로 가도 서울로만 가면 된다'라는 개념 자체가 없는 듯하다. 내가 태어나고 자란 곳, 즉 내가 있는 곳에서 행복하자는 생각이 강하다고 할까.

이들은 개인주의(Individualism) 성향이 강하다. '개인'이라는 단어는 많은 한국인들에게는 차갑게 들린다. 하지만 자신의 이익만 꾀하고 사회 일반의 이익은 염두에 두지 않으려는 이기적인 태도인 에고이즘(Egoism)과는 다른 개념이다. 다른 사람에게 해를 끼치지 않으며 개인의 관심과 권한을 존중하는 만큼 다른 사람들의 관심과 권한도 똑같이 존중한다. 이는 모든 사람이 평등하다는 강한 사회적 인식이 전제된다.

독일인들의 강한 사회적 책임감을 보여주는 현상은 바로 환경과 지속 가능 소비에 대한 성숙한 의식일 것이다. 독일 통계 정보 제공 전문기업 스테티스타(Statista)가 독일에 거주하는 16세 이상 소비자 1,032명을 대상으로 진행한 설문조사에 따르면, 응답자 중 51%가 지속가능성을 의식하고 소비 행동을 바꾸는 것이 기후 변화와 같은 환경 문제 해결에 이바지한다고 응답했다. 그리고 응답자 중 50%는 지속가능성 때문에 소비 방식을 바꿨다고 응답했으며, 25% 이상의 응답자는 지속가능성 기준을 충족하지 않는 제품의 구매를 중단했다고 응답했다. 2021년 글로벌 컨설팅 기업 맥킨지가 독일인 소비자 5,000명을 대상으로 진행한 설문조사 결과에 따르면 젊은 층일수록 지속가능한 소비를 위해 더 큰 비용을 지불할 의향이 높은 것으로 조사되었다. 특히 Z세대라 불리는 15~23세에 해당하는 세대의 경우 60%가 추가 비용을 지불할 의향이 있다고 응답했다. 이러한 독일인들의 강한 사회적 책임 의식은 정책 입안자들뿐만 아니라 기업 경영자들 또한 소비자 요구를 만족시키기 위한 노력을 하지 않을 수 없게 한다.

4) 드러내지 않는 독일 부자들

독일의 영어 방송 채널인 DW는 '독일: 슈퍼 리치들의 조심스러운 생활(Germany: The discreet Lives of the Super Rich)'이라는 주제로 독일 부자들의 특성을 다큐멘터리로 다룬 적이 있다. 방송에서 슈퍼리치로 추정되는 독일인들의 자산 규모는 미국, 영국, 중국의 슈퍼 리치들과 비교를 해보면 그야말로 '땅콩(peanut)' 수준이라고 표현했다. 이들은 공적으로 자신을 드러내기 싫어하며, 심지어 일부러 숨어서 지내기도 한다. 그이유는 평범(normal)하게 살고 싶어서다.

다음은 독일 10대 기업 중 한 곳인 유통사 오토 그룹(Otto Group)의 회장 마이클 오토(Michael Otto)의 인터뷰 내용이다.

Michael Otto
Supervisory Board Chairman, Otto Group

"미국에서는 개인의 성취와 부가 굉장히 긍정적인 것으로 인식이
되지만, 독일에서는 부를 얻기 위한 대가가 반드시 따른다고(bitter
after taste) 인식되죠. 독일 사람들은 누가 부자라고 하면 그의 부
가 과연 어디서 왔는가, 또 어떤 과정과 수단으로 축적이 되었는
가 생각하고 판단하기 때문에 많은 부자들이 거리낌 없이 공적으
로 스스로를 드러내지 않습니다. 많은 사람들은 부자들은 가난한
사람의 처지를 모를 것이라고 생각하는 경향이 있는데, 이는 적어
도 저에게는 적용되지 않는 것 같아요. 저희 아버지는 제2차 세계
대전 후 아무것도 없이 바닥부터 시작해야 했어요. 따라서, 저도
가난에 대해서 잘 압니다. 저는 우리 사회가 공적인 토론 주제로
서 '부와 가난'에 초점을 맞추기보다는 역량 있는 중소기업들의 성
장, 그리고 그들이 많은 고용을 창출해 낼 수 있는 환경을 조성하

는 방안을 중심으로 고민하는 것이 중요하다고 생각합니다."

또한, 독일의 한 경영잡지인 〈매니저 매거진(Manager Magazine)〉 편집장인 스테픈 크루스만(Steffen Klusmann)은 인터뷰에서 다음과 같이 말했다. 참고로 폭스바겐은 독일의 대중적인 중저가 자동차 브랜드이다.

"흥미로운 점은 많은 독일 슈퍼 리치들이 오래된 중소기업 창업자 출신이라는 것입니다. 미국의 경우 페이스북, 구글과 같은 젊은 창업자들이 짧은 기간 내 산업에서 탑의 위치에 오르는 것을 볼 수 있지만, 독일에서는 그렇지 않아요. 또한, 미국, 중국, 러시아 부자들이 종종 화려한 요트를 소유하고 타고 돌아다니면서(sail around) 즐기는 모습을 볼 수 있죠. 하지만, 독일 중소기업 창업자 출신 부자들은 집 몇 채를 소유하고 있을 수 있겠지만, 그들의 집 앞에는 아주 평범한 폭스바겐 자동차를 주차하고 있을 가능성이 크죠."

독일 역사상 최초로 여성 총리가 됐으며, 또 최초로 최장기 총리직을 수행한 앙겔라 메르켈(Angela Merkel) 총리의 검소한 모습은 독일 사람들의 정서를 대변한다. 언제나 짧은 헤어스타일, 촌스럽고 투박한 의상을 입는 그녀를 볼 때면 패션 감각은 없어 보인다. 그러나 그녀는 소박하고 검소해 보인다. 총리직 수행 기간 중 그녀는 평범한 동네 슈퍼마켓에서 남편과 함께 장을 보는 모습이 포착되기도 했다. 그런 그녀의 모습에 독일인들뿐만 아니라 세계인들이 열광했다. 독일 공영방송 아에르데(ARD)의 여론조사 결과에서, 메르켈 총리 시대를 긍정적으로 평가한 응답이 무려 75%에 달했다. 영국 BBC는 "남성 클럽과 같았던 독일 정치를 정책 지향적인 토론의 장으로 변화시켰다(German politics used to be a testosterone-fuelled Männerclub - a club of men. Under Mrs Merkel, things have become much more policy-oriented.)."고 평가했다.

양겔라 메르켈(Angela Merkel), 독일 제8대 연방총리

한국은 명품 소비 시장 전 세계 1위이다. 미국 CNBC 방송은 투자은행 모건스탠리 보고서를 인용해 2022년 한국인 명품 소비액은 전년 대비 24% 증가한 168억 달러(약 20조 9,000억 원)이고, 한국인 1인당 325달러(약 40만 4,000원)를 명품에 소비한 것으로 미국(280달러·약 34만8000 원), 중국(55달러·약 6만8000원)보다 많은 것으로 나타났다. 전문가들은 이러한 한국인의 명품 소비 성향을 '과시 소비의 일환'이라고 분석한다. 자신의 사회적 지위를 더 높게 표현하는 방법으로 명품을 선택하다 보니까 자신의 경제적 능력을 웃도는 명품 소비가 발생하게 된다는 것이다. 나는 명품 소비가 나쁘다고 생각하지 않는다. 다만, 나의 자존감을 오로지 남에게 보이는 자동차, 핸드백 등과 같은 물건에 기대는 것은 건강하지 않다고 생각한다. 2021년, 미국 퓨리서치 조사 기관에서 진행한 '무엇이 삶을 의미 있게 하는가?'라는 설문조사에 '물질적 풍요'를 최우선 순위로 답변한 사람들은 17개 선진 국가 중 한국이 유일하다.

홍콩 법무부 소속인 나의 친구가 인천 송도에 있는 한 국제기구에 파견되어 1년간 근무했다. 그녀는 다소 생소한 한국이지만 홍콩에서 익숙한 일상을 벗어나 외국 생활을 한다는 것에 설렜다. 그녀는 13만km를 훌쩍 넘게 주행한 기록이 있는 대우 중고 SUV 한 대를 선임자로부터 물려받아 짧은 파견근무 기간 동안 편하게 사용하기로 했다. 2023년 봄의 어느 주말, 여자 친구들 셋이 모여 그녀의 차를 타고 전주로 여행을 갔고, 한옥마을 근처 한 좁은 골목길에서 벤츠 운전자와 정면으로 마주쳤다. 누군가는 양보를 해야 하는 상황. 내 친구는 먼저 양보하려고 후진 기어로 전환하려던 참이었다. 근데 갑자기 그 벤츠 운전석에 타고 있던 중년 남성이 창문을 내리고 얼굴을 밖으로 내밀더니 내 친구를 향해 "아니 무슨 운전을 그렇게 해?" 하며 거만한 표정으로 마구 화를 내는 것이 아닌가. 양측 누구도 잘못을 저지른 상황이 아니었다. 다만, 의도치 않게 서로가 서로의 길에 방해가 되었고, 한 사람이 먼저 몇 분만 할애하여 양보하면 될 일이었다. 그 벤츠 운전자는 오래된 대우차를 운전하는 내 친구를 무시했던 것이 너무나도 분명했다. 난 생각했다. 내 친구가 변호사라는 것을 알았다면 저 벤츠를 운전하고 있었던 한국 중년 남성이 저렇게 내 친구를 멸시하는 표정으로 고래고래 소리를 지를 수 있었을까?

순간 나는 마치 현 한국 사회의 축소판을 나의 외국인 친구에게 보여준 것 같아 너무도 부끄러웠다. 자신의 목적지만을 주시하며 급하게 돌진하는 사람들. 그 과정에서 주변 사람들을 배려하는 마음의 여유가 없는 사람들. 오로지 보이는 요소로 사람을 판단하고 급을 나누어 본인이 상대적으로 우월하다고 생각하면 가차 없이 상대방을 하대하고, 이른바 '갑질'을 일삼는 사람들. 어느 심리학자에 의하면 인간이 추구하는 내적 가치는 삶의 중요한 원동력이 될 수 있다고 했다. 그런데, 자신이 추구하는, 보이지 않는 가치가 없다면 남들이 보는 외적 가치에 과도하게 휘둘릴 수밖에 없다고 했다.

나는 어떤 가치를 추구하면서 살았는가? 또, 앞으로 남은 유한한 시간들을 살아가면서 어떤 가치를 추구하고 살아야 할까?

엄청난 부와 재물 앞에서도 자신을 지킬 수 있어야 한다. 그 다음엔 아무리 엄청난 돈을 가지고 있어도 아무도 나를 두려워하지 않아야 한다. 내가 그 누군가를 두려워하지 않을뿐더러, 어느 누구도 나를 두려워해서는 안 된다.

_고미숙, 『돈의 달인, 호모 코뮤니타스』, 북드라망

일본인

동양의 신비

1) 신비로운 나라

역사적으로 한국과 일본은 서로 영향을 주고받아 왔다. 1926년생 충청북도 옥천 양반가 막내아들이었던 나의 외할아버지는 일제 강점기 강압적인 일본 순경에 맞섰고 탄압을 피해 만주까지 다녀오셨다. 반면, 나의 친할아버지는 1930년 일본에서 태어나 일본에서 중학교 졸업 후 귀국하여 경상남도 창원에 정착하셨다. 양가 모두 좀 다른 형태이지만 분명 일본의 영향을 받았다. 대한민국 어느 한 집안도, 어떤 형태로든 일본의 영향을 받지 않고 그 시대를 통과하지 못했을 것이다. 양 집안 가풍이 너무도 다른데 어떻게 두 집안의 자녀인 나의 부모님이 결혼을 하게 되었는지 아직도 미스테리이다. 두 남녀는 서로 다르기에 끌리는 것. 이것이 에로스의 힘일까?

하여튼, 나의 친할아버지는 유창한 일본어 실력으로 부산에서 줄곧 일본 투자자 및 기업가들과 일을 하셨다고 한다. 나의 친할아버지는 당신의 아들인 1959년생인 나의 아버지에게도 당시 한반도 밖 미국과 버금가는 경제력을 가진 일본이라는 나라에 대한 존재를 알게 하여 세계관을 넓혀주었다. 그렇게 성장한 나의 아버지는 한국에서 봉제 제조업을 통해 일본인 바이어들 대상으로 수출을 하셨다.

내가 태어나기 10년 전인 1976년까지 한국 전체 수출량의 무려 24%가 일본을 향해 갔다. 그리고 내가 태어난 해인 1986년에는 그 전보다는 줄어들었지만 한국 전체 수출량의 16%가 여전히 일본으로 향했다. 2000년까지만 해도 일본은 미국에 이어 한국의 두 번째로 큰 수출 대상국이었다. 내가 어렸을 적 아버지의 일본 바이어들이 한국에 자주 왔고, 엄마가 운전하는 자동차를 탈 때면 항상 정철 일본어 카세트가 재생되고 있었다. 엄마는 일본 바이어들과 저녁 만찬이라도 할 때 나누는 대화에서 소통을 좀 더 잘하기 위해 일본어를 배우는 노력을 하셨던 것 같다.

반면, 내가 중국 유학을 마치고 사회 생활을 시작한 2010년에는 한국 전체 수출량 중 오직 6%만이 일본으로 향했고, 대중국 수출은 늘어나 무려 한국 전체 수출량의 25%가 중국으로 향했다. 나는 중국을 포함한 글로벌 시장에서 판매 확장에 한창이었던 한국의 자동차 대기업에서 글로벌 마케팅 업무를 하게 되었다. 덕분에 나의 시선과 마음은 세계 시장에서 우상향 곡선을 이어 나가며 한국의 전체 수출량에 상당한 비중을 차지하는 한국 자동차 산업의 동향과 마찬가지로 언제나 중국 대륙으로 향하게 되었다. 나아가 중국 대륙과 이어지는 유럽, 그리고 태평양을 건너 미주로 향했다. 또한, 세계 시장에서 선두를 달렸던 일본 주요 자동차와 전자 기업들의 실적이 하향곡선을 이어가는 동안, 나의 관심 역시 남쪽의 섬나라 일본으로 향한 적은 거의 없었다. 어렸을 때 헬로키티 시계, 샤프 전자사전 등 부모님으로부터 선물을 받은 기억이 있었으나, 성인이 되고 나 스스로 일본 제품을 찾게 되고 구매한 기억이 거의 없다.

2023년 기준 일본을 방문한 외국인 수는 약 2,500만 명이고, 한국을 방문한 외국인 수는 약 1,100만 명으로 일본을 방문한 외국인 수가 한국을 방문한 외국인 수 대비 두 배가 넘는다. 흥미로운 점은 일본을 방문한 외국인 국적 중 가장 많은 수가 한국인이라는 점이다. 2023년 한 해 동안 약 700만 명의 한국인이 일본을 찾으며, 이 수치는 동기간 한국을 찾은 일본 방문객 수(232만 명)의 약 3배이다. 2024년 1월, 한국을 찾은 전체 외국인 수가 93만 명인데, 같은 달 일본을 방문한 한국인 수가 무려 86만 명으로 나타났다. 한국은행에 따르면, 2023년 한국의 여행수지는 125억 달러 적자를 기록했다. 2018년(-165억 달러) 이후 5년 만에 가장 큰 적자 폭이라고 한다.

외할머니가 살아 계셨을 때 일본 여행을 가지 않겠냐고 여쭈면, 어렸을 적 일제 강점기의 억압된 분위기의 기억 때문인지, 일본은 절대 안 가고 싶다고 하셨다. 그러나, 요즘은 심지어 독립기념일인 3월 1일에도 일본으로 여행 가는 사람들이 많다. 만약 한국 근로자와 노동자들이 유럽 사람들처럼 누구도 장기 휴가를 사용하는 것에 대해 압박이 없다면, 또 육지가 유라시아와 연결되어 기차나 자동차로 사람들이 쉽고 저렴한 비용으로 이동을 할 수 있는 조건이 되면, 많은 사람들은 더 멀리 여행을 하기를 주저하지 않을 것이라고 생각한다. 아무튼 어느새 과거의 기억은 시간과 함께 사람들의 기억에서 흐려지고 한국인과 일본인은 서로가 서로를 가장 많이 오가며 접촉을 했다.

일본에 대한 관심이 미미했던 나와 다르게 유럽 지인들과 이야기를 할 때면, 그들은 언제나 일본에 대한 호기심과 경이를 가지고 있었다. 최근 발표된 미국 경제 매체 〈CNBC〉의 한 기사에 따르면 일본의 수도 도쿄는 세계인이 선호하는 여행지로 1위로 선정되었다.

글로벌 여행자가 뽑은 선호하는 여행지 Top 10

Top 10 trending global travel destinations 2024

1. Tokyo, Japan
2. Seoul, South Korea
3. Halong Bay, Vietnam
4. Palawan Island, Philippines
5. Sapa, Vietnam
6. Bogota, Colombia
7. Pattaya, Thailand
8. Alajuela, Costa Rica
9. Phnom Penh, Cambodia
10. Kuala Lumpur, Malaysia

출처 : CNBC

앞에서 언급했던 독일 기업 지멘스 본사에서 근무하는 나의 미국인 친구와, 저널리스트인 그녀의 독일인 남편 커플이 동아시아를 신혼 여행지로 정했다고 메시지를 보내왔다. 그러나 한국이 아니고 일본으로 간다고 했다. 아무리 열린 세계관을 가진 한국인 여성인 나라고 할지라도 서운한 마음은 어쩔 수 없었다. 왜 한국은 들리지 않느냐고 묻는 나의 질문에 친구는 "주어진 시간이 제한적인데, 남편이 일본에 가자고 해서 그러자고 했어."라고 답했다.

　　많은 유럽인들에게 동아시아 여행 중 한 나라만 택해야 한다고 말한다면 선택지는 한국이 아닌 일본이 될 것이다. 일본 신혼여행 동안 이 친구의 인스타그램에는 스시와 라면 등의 일본 음식, 녹차와 다도, 아기자기한 디자인의 디저트 등의 사진이 올라왔다. 동양의 세련된 라이트 스타일 하면 아직도 많은 서구인들은 일본을 먼저 떠올린다. 절도 있는 상냥함, 친절함, 장인 정신 역시 일본이 가지고 있는 이미지들이다. 서구인들이 볼 때 온화한 미소를 하고 있지만 한때 마음에는 세계 재패라는 큰 야망을 품었었던 일본인들은 신비스럽기만 하다.

2) 일본을 떠나는 일본 여성들

1989년, 내가 4살 때에는 시가총액 기준 전 세계 상위 10개 기업 중 7개가 일본 기업이었다. 서구로부터 산업화를 제일 먼저 배운 동아시아 나라로서 일본은 1968년부터 2009년까지 미국에 이어 세계에서 두 번째로 큰 경제대국이었다 (GDP 기준). 2010년 중국이 일본을 추월하기 전까지 말이다. 무려 40년이 넘는 세월이다. 하지만 최근 일본 관련 뉴스들은 그리 밝지 않다. 세계 3위를 유지하던 일본 GDP는 2023년 독일에게 추격 당해 4위로 하락했고, 2026년에는 인도에게 자리를 내어주어 5위가 될 것이라는 전망이다.

일본 외무성 통계에 따르면 2023년 해외 영주권을 취득한 일본인의 수는 최근 20년간 지속 증가해왔으며, 작년에는 57만 4,727명으로 나타났는데 이 중 62%가 MZ세대 여성들이다. 일본 전문가들은 이와 같은 현상의 주요 요인으로 일본 사회의 폐쇄성을 가장 큰 원인으로 지목했다. 사회보장 개혁이나 남녀 평등이 진전되지 않는 현실에 대한 일본 여성들의 장기적 불안감이 크게 작용했을 것이라는 분석이었다.

많은 한국 기업인들은 일본 경영 방식을 배우고 따랐다. 나는 2010년 기아차 신입사원 시절 일본 자동차 브랜드들을 케이스 스터디해서 자랑스럽게 상사들과 여러 선배님들께 공유를 하곤 했었다. 일본 도요타 그룹의 렉서스 고급 브랜드 전략, 효율적이고 생산성이 높은 린 매니지먼트 등은 현대기아뿐만 아니라 미국의 여러 자동차 기업들에게도 경영의 정석 같은 존재였다. 내가 신입사원일 때 기업의 주요 의사 결정자들은 80년대 입사를 한 분들이었고, 한국 자동차 산업의 기초를 쌓게 해준 당시 현대차의 협력사 일본 미쓰비시 자동차와의 협업 과정에서 재밌는 에피소드를 잔뜩 가지고 계신 분들이었다. 더불어, 이들은 한 사기업에서 일을 하는 느낌보다는 국가 산업에 이바지한다는 사명감을 가지고 일을 하셨다. 당시 나의 실장님은 일본어로 된 자동차 산업 동향 책자를 항상 책상 위에 두고 읽으실 정도로 일본 자동차 기업에 대한 공부에 열성이었지만, 동시에 그들을 뛰어넘을 한국 자동차의 경쟁력 제고에 대한 고민에 진심이었다. 보통 회사원이라기보다 국가를 위해 싸우는 전사처럼 보였다고 할까.

오늘날 한국 기업들은 일본 기업만을 따라가지 않는다. 그들이 유일한 경쟁 대상이라는 생각은 더더욱 하지 않는다. 하지만 그들의 경영 방식은 한국 기업 조직 체계 곳곳에 남아있다. 사원, 대리, 과장, 차장, 부장, 이사, 상무, 전무, 부사장, 사장으로 이어지는 직급 체계는 일본 제조 산업에서 비롯된 것이다. 그래서 그런지 일본의 경직된 기업 문화를 설명하는 유튜브 영상들을 보면 한국과 일본은 꽤 비슷한 부분이 많은 것 같다. 많은 전문가들은 일본 기업들의 도태를 그들의 폐쇄적이고 유연하지 않게 일하는 문화로 꼽는다. 오늘날 많은 한국 기업들은 글로벌 시장에서 한국과 일본 제품보다 더 저렴한 가격을 내세운 중국 기업들과 경쟁하고 있다. 심지어 가격이 저렴한데도 더 좋은 품질의 제품이 있기까지 하다. 이런 글로벌 환경에서 일본의 기업 문화를 답습한 한국 기업 조직의 경직성은 최적화된 전략과 정확한 의사 결정에 직원들의 자발적 기여를 방해하는 비효율을 초래했다. 많은 기업에서 기존에 사용했던 일본식 직급을 아예 없애거나, 기존 5-6개로 나누었던 직급을 2-3개로 간소화 시키는 작업을 단행했다. 2023년 두산 그룹에서도 기존 사원, 대리, 과장, 차장, 부장, 전문위원 등으로 촘촘하게 구성되

어 있던 조직원의 직급 체계를 선임과 수석 단 두 개로 간소
화시켰다. 개인적으로는 긴 시간 한국의 민간 부문에서 힘들
게 투쟁하여 이룬 조직 문화와 직급 혁명을 몸소 경험하고,
2023년 한 미국 회사의 한국 지사로 이직을 했을 때, 나는 다
시 일본 기업 문화에서 우리가 답습한 직급 체계가 존재하고
있음을 발견했다.

　한 미국 회사의 한국 지사로 이직을 하자 영어 타이틀은
'Senior Business Analyst', 한국어로는 '차장'이라는 직급
을 부여 받았다. 영어 타이틀, 즉 미국 본사에서 정의하는 직
원의 역할로 보았을 때, 'Regional Business Development
Manager'의 타이틀을 가진 동료와는 별다른 서열이 느껴지
지 않는다. 하지만, 한국어 직급으로는 나는 차장이고 50대
초반이었던 그는 무려 상무의 타이틀을 사용했다. 한국 대기
업에서 '상무'면 기업의 중요한 의사 결정을 하는 중요한 직
책이다. 하지만 대다수의 중요한 사안은 미국 본사와 아태지
사에서 결정이 내려졌다. 주요국 대비 한국은 시장 규모가
작아서일까? 한국 지사에서 한국인 직원인 그는 '상무'였지
만 그가 내릴 수 있는 중요한 의사 결정이 없었다.

한국에서는 이름이 아닌 직급을 호칭으로 부르다 보니 자연스럽게 심리적으로 권력 거리(power distance)가 느껴진다. 회사 안에서도 미국, 중국, 독일 등 다른 나라에 주재하는 직원들과는 편하게 서로 이름을 부르며 커뮤니케이션을 했는데, 하루는 일본 직원의 "Hi, Yoomin San."으로 시작하는 이메일을 받고 소스라치게 놀랐다. 분명히 영어인데, 'San'이 뭘까? 생각해보니 일본어로 '아무개 씨(상, さん)'를 영어로 쓴 것이다. 아, 미국과 일본 기업 문화가 만드는 짬뽕탕 안에서 헤엄치는 흥합이 된 기분. 한반도의 근대사의 그림자를 밟고 있는 느낌이었다. 미국으로부터 답습하여 갖춘 하드웨어 형식과 일본이 지배했던 소프트웨어 정신이 남아 있었다. 좋은 것들만 남기면 얼마나 좋을까. 왜 언제나 부정적인 요소들이 더 힘이 세고 오래가는 것일까. 미국 하면 포용력, 다양성에 대한 열린 태도. 일본 하면 섬세함, 장인 정신과 같이 각각의 좋은 요소들만 쏙쏙 배우면 좋을 텐데.

세계적인 베스트셀러 작가이자 140만 명 이상의 구독자를 보유한 유튜버 마크 맨슨(Mark Manson)이 2024년 초 한국을 방문하여 '나는 세계에서 가장 우울한 나라를 여행했다'라는 제목의 영상을 공개했다. 자본주의와 유교 문화가 가진 좋은 점들보다 최악의 요소들이 결합된 사회적 압박 속에 한국 사람들은 모두가 정신 건강이 악화되고 있다는 내용이었다.

'나는 세계에서 가장 우울한 나라를 여행했다' 영상 화면

	장점	단점
자본주의	자기표현, 개인주의	물질주의, 돈에 대한 집착
유교문화	가족, 공동체	수치심, 타인에 대한 판단

출처: 마크 맨슨(Mark Manson) 유튜브 채널

최근 자유 시장 경제의 모범 국가인 미국의 오바마 전 대통령이 한 인터뷰에서 북유럽이나 서유럽과 같이 사회 시장 경제 국가의 리더들이 이야기할 만한 내용을 언급한 것이 새롭다.

Obama: "We as a society have become obsessed with wealth"

"내 영혼을 쏟아붓기에는 너무 작은 일이에요. 그렇지만 미국에서 많은 사람들은 많은 시간을 그런 일에 쏟아붓고, 정신적으로 육체적으로 지치면서도 많은 돈을 벌지 못해요. 한 국가의 GDP 숫자가 전부를 대변해주지 않아요. 예를 들어 아이들의 건강이나, 교육의 질, 놀이의 기쁨이나, 건강한 결혼(strength of our marriages), 위트나 유머 감각, 삶의 지혜라던지. 이렇게 삶에서 제일 중요한 요소들을 전혀 측정하지 못해요. 하지만 우리 모두는 무엇이 중요한지 알고 있어요. 각자가 하는 일에 대한 자부심(sense of purpose in what we do), 연결성(connections), 관계, 가족과 같은 요소들이죠. 결국 삶에서 이런 요소들이 끝까지 남는 것이죠. 하지만 정작 이런 중요한 가치들은 GDP에 나타나지 않고, 공적인 토론 주제로도 등장하지 않죠."

출처: 버락 오바마 미국 전 대통령, 2023년 8월, Ira Glass와의 인터뷰 중

전 세계의 군사, 경제 질서를 주도하는 국가, 미국의 전 대통령의 입에서 '유머 감각', '삶의 지혜', '놀이의 기쁨', '일에 대한 자부심', '연결성'과 같은 단어가 나왔다. 한국 리더들에게 묻고 싶다. 이러한 단어들이 시시해 보이고 카리스마와 강인함과는 멀게 느껴지는 단어들이라고 생각하는가? 그는 2008년 미국 최초로 아프리카계 미국인으로 대통령에 당선되었으며, 2012년 재선에 성공하여 8년의 임기를 마쳤고, 2009년에는 노벨평화상을 받은 전 세계 위대한 리더 중 한 명이다. 훌륭한 리더십과 진정한 강인함은 통찰과 지혜에 기반한 커뮤니케이션 능력으로, 외부로부터의 강압이 아닌 사람들의 내적 공감을 형성함으로써 자발적 사유, 생각과 행동을 이끌어내는 것이다. 한국에서 많은 사람들이 숭상해온 불도저와 같은 리더십, 즉, 일방적으로 목표를 정하고 부하 직원들을 목표를 이루기 위한 수단으로 여기고 그냥 맹목적으로 시키면 시키는 대로 하기를 바라는 그런 통제하고 관리하는 방식은 오늘날 전혀 맞지 않다는 것을 기억해야 한다. 지금 우리가 함께 살아가는 시대는 미국 전 대통령까지 나서서 '삶의 의미'와 '일의 의미'를 강조하며 국가 경제와 사회 발전 방향에 대해 의견을 개진했다. 이런 주제는 더 이상 예술가

나 몽상가들만이 생각하는 영역이 아니다. 모든 사람들에게 지극히 현실적인 주제이다.

드디어 우리는 빠르고 효율적으로 생산하는 일에서 좀 벗어나서 자연과 호흡하고 인간의 본성을 찾으려는 여정을 시작한 것일까? 그렇게 따지면 일본의 GDP 순위 하락은 일본 사람들의 자존심에 상처가 나는 일이 될 수 없다. 이제 주요 국가의 리더들은 그동안 한 국가의 경제 성과지표로 여겨진 GDP가, 다시 말해 사람들이 생산하는 재화와 서비스의 양이 한 국가의 경제 발전 상태와 국민 개인들의 건강한 생활 수준을 대표하는 유일한 지표가 될 수 있을지에 대한 의문을 갖기 시작했기 때문이다.

3) 깊어진 내면, 삶의 철학

지난 20여 년 동안 이웃 나라들의 성장과 추격을 쓰라린 마음으로 바라보며 지낸 일본 사람들은 수치로 계산되고 보이는 요소가 아닌 보이지 않는 정신적 가치를 발전시켰다. 2022년 영국의 한 아담하고 아름다운 도시 요크(York)에서 요크 아트 갤러리에 방문했을 때의 기억이다. 갤러리 1층에 일본 사람들의 삶과 라이트 스타일 철학이 담긴 이키가이 (IKIGAI) 영문판 책과 함께 일본의 아기자기한 인테리어 소품들과 공예품이 전시되어 있었다. 전시장을 둘러보는 내내 영국인들은 일본 사람들의 정신적 가치를 동경한다는 느낌이 강하게 들었다.

나는 북경에서 유학을 할 당시, 유럽에서 온 유학생들이 북경대와 청화대에서 국제 관계나 공자, 노자 같은 동양 철학을 공부하는 것을 보았다. 그렇지만 현재까지 유럽에서 중국의 라이트 스타일을 닮으려는 트렌드는 보기 어렵다. 그렇다면 세계인이 열광하는 한국의 문화는 무엇일까? 하루는 전 세계 1억 명이 시청하여 화제가 된 〈오징어 게임〉을 나도 시청을 해 보기로 마음 먹었다. 하지만 이어지는 자극적인 장면들이 나를 너무도 불편하게 했다. 결국 나는 시청을 시작한 지 얼마 안 되어 TV를 껐다. 그렇다면 한국의 K-pop은? 내적 동기를 불러와 새로운 사유를 발생시키기보다는 시각과 청각 등 외적 자극을 통해 사람들에게 즐거움을 주는 엔터테인먼트에 더 가깝다는 생각이 든다. 물론 나 역시 K-pop을 즐겨 듣는다. 아침 출근길 차 안에서 생기발랄한

뉴진스, 블랙핑크, BTS 등의 한국 아이돌 그룹 노래를 들으면 어쩜 그렇게 신나는지. 에너지가 고갈되었다가도 들으면 금세 흥이 충전되는 마법의 리듬! 게다가 2019년 스위스 수도 바젤(Basel) 여행 중 광장에서 블랙핑크의 노래에 맞추어 청소년들이 퍼포먼스를 연습하고 있는 상황과 마주쳤을 때 한국인으로서 정말 기분이 좋았다.

한편, 지극히 현실적인 일상을 보내는 한국인들의 모습은 어떠한가. 우리의 실제 삶의 모습도 K-pop처럼 즐겁고 신날까? 과연 한국인이 추구하는 가치, 그리고 일상을 살아가는 라이트 스타일은 무엇일까? 슬프게도 많은 사람들에게는 라이트 스타일을 사유할 시간과 공간조차 허락이 되지 않는다. "퇴근하고 집에 오면 이유 없이 눈물 쏟아져…20대 직장인 사연에 '공감' 쏟아져"라는 뉴스 기사는 한창 생기발랄하고 원하는 삶의 모습을 꿈을 꿔야 할 20대들의 현실을 대변한다. 하루는 중국 비즈니스 파트너들과 저녁 식사 후 최근 본 영화나 드라마에 대해 편안한 담소를 나누었다. MZ세대 중국인 여성 비즈니스 파트너가 "〈도쿄 러브 스토리〉라는 드라마를 봤어(I watched <Tokyo Love Story>.)."라는 말에 나는 "왜 〈서울 러브 스토리〉드라마는 없을까?(Why there is no <Seoul Love Story>?)"라고 되물었다. 그러자 K-Drama에 나오는 남자 배우 못지 않게 준수한 외모를 지닌 95년생 한국인 막내 팀원이 "왜냐하면 서울에는 사랑이 존재하지 않으니까요(Because there is no love in Seoul.)."라고 말했다. 그 말이 나는 너무 슬펐다. 세계인이 열광하는 한국의 영화, 드라마와 노래에는 로맨틱한 러브 스토리가 가득하다. 그렇지만 서울에는 사랑이 없다고 말하는 한국 청년. 이 모순을 어떻게 받아들여야 할까.

이키가이는 생명, 생기를 의미하는 '이키'와 목적, 의미를 의미하는 '가이'라는 두 단어를 결합한 일본어이다. 삶의 이유와 인생의 보람을 사유하게 하는 일종의 철학이다. 옥스포드 사전은 아래와 같이 '이키가이'를 정의하고 있다. 또한, 일본 정부 홈페이지에서도 이키가이를 상세하게 설명하고 대외적으로 홍보하고 있다.

이키가이(존재의 이유)는
일본어 개념으로 사람에게 목적 의식, 삶의 이유를 주는 그 무엇

Ikigai(生き甲斐, lit. 'a reason for being') is a Japanese concept referring to
something that gives a person a sense of purpose, a reason for living.

출처: Wikipedia, Government of Japan 홈페이지

인생에서 자신이 하는 일을 선택할 때, 본인이 좋아하고
잘 하면서 세상이 필요로 하고 수익을 창출할 수 있는 일의
교집합이 본인의 '이키가이'가 될 수 있다는 것. 한국에서는
일에 대한 의미, 삶의 의미를 이야기하는 장이 거의 없다. 오
글거리고 유약해 보인다. 독불장군 이미지의 강한 리더십의
표상(stereotype)이 우리 무의식 속에 자리하고 있다. 의미를

이야기하는 장은 교회뿐이다. 하지만, 대부분의 한국 교회에서도 의미라는 것은 삶의 사명과 의미보다는 기복, 즉 복을 기원하는 신앙으로 변질된 지 오래다. 인생의 비전과 직업에 대한 소명을 가지고 사는 삶에 대한 그들의 철학. 이것이야말로 세계인들이 보았을 때 그들이 신비하게 느껴지고 동경에 가까운 마음을 갖게 하는 것이 아닐까?

미국의 견제를 받을 정도로 야심 찼던 일본 기성세대의 도전과 성공 경험은 역사 속으로 사라졌다. 서구가 주도하는 속도와 흐름에 뒤쳐지지 않기 위해 앞만 주시했던 그들은 멈추고 간소하고 차분한 일본의 미의식인 '와비'(일본의 문화적 전통 미의식, 미적 관념의 하나이다. 투박하고 조용한 상태를 가리킨다. 사비와 함께 서구의 미니멀 아트에 깊은 영향을 주었다.)의 개념을 돌아보며 일본의 옛 정신에 대해 사유했다. 앞만 보며 달리느라 바빴던 몸과 정신을 이완시켰다. 서구의 문물과 산업화를 동아시아에서 가장 빨리 답습한 일본. 일본보다 변화가 느렸던 중국과 한국을 미개하게 바라보며 동아시아의 구원을 명분 삼아 이웃나라 사람들을 오로지 자신의 목표를 이루기 위한 수단으로 여겼던 일본. 그들은 이제 세계 제패, 동아시아 구원과 같은 거창한 외침은 접어두고 간소한 일상에서 삶의 방식과 기품을 추구한다.

작은 것에도 의미를 부여하고 정교함을 종교 수준으로 끌어올리는 일본인들의 특징은 이들이 발전시킨 차 문화에도 나타난다. 유럽에서는 녹차, 다도, 그리고 아시아의 정원 하면 일본을 먼저 떠올린다. 차의 재배는 분명 중국에서 시작되었지만, 일본은 차로 세계인들이 선망하는 삶의 양식, 즉 라이트 스타일을 만들었다. 잦은 지진 해일에 언제나 자연에 대한 두려움과 경외심을 가진 사람들. 나무와 꽃이 어우러진 정원, 그리고 그 정원을 작은 화분에 옮겨 구현하는 꽃꽂이 '이케바나'를 보면 자연의 아름다움을 이해하고 표현하는 방식에서 일본인의 섬세한 정신 세계가 드러난다. 독일 뮌헨, 영국 런던 등 유럽 주요 지역에 일본식 정원이 있다. 정원 문화가 발달한 유럽에서도 유럽인들이 볼 때 일본의 정원은 신비스럽고 아름답다.

현대 미술가이자 소설가인 아카세가와 겐페이는 일본에서 다성(차인의 신격)으로 추앙받는 인물 센노 리큐(1522-1591)와 다도를 통해 일본의 소박하고 극소의 미를 추구하는 미의식을 그의 책에서 설명했다. 서유럽화의 흐름인 이상적이고 합리적이며 논리성을 드러내는 문화를 열심히 답습한 일본인들의 원래 본성은 자연 안에 자신을 숨기고 주변과의 조화를 더 생각한다는 것이다. 이와 같은 특성은 이웃나라 한국에서도 발견되는데, 조선 도공들이 빚은 소박하고 단순한 이도다완 같은 다기들이야말로 작고 소박한 일상의 아름다움이며 예술적 감각이라고 설명했다. 그러면서, 일본의 다실과 정원의 문화적 원천은 바로 한국이었다고 언급했다.

"당나라로 통하는 길목에 놓여 있는 조선은 일본 도자기의 견본이 되는 국가로 다실이나 정원의 문화적 원천이기도 하다. 리큐의 주변에도 조지로를 비롯하여 조선에서 건너온 도공이 많았다. 그 문화적 은혜는 헤아릴 수 없을 정도다. 그런 나라를 공격한다는 것은 리큐의 내면세계를 공격하는 것과 같아 리큐는 반사적으로 저항감을 느꼈다."

_아카세가와 겐페이, 『침묵의 다도, 무언의 전위』, 안그라픽스

아, 유럽이 감탄하는 일본의 소박하면서도 아름다운 정원

과 차 문화가 한반도를 통해 전달이 되었다니! 오늘날 한국인들은 정원의 아름다움보다는 불편함을 먼저 느끼고, 콘크리트 벌집인 아파트를 더 선호한다. 허락되지 않은 개인의 개성과 라이트 스타일만큼이나 허락되는 공간 역시 제한적이며 표준화된 건물들 안에서 너무도 촘촘히 붙어 살고 있기에 이웃과 온갖 불화가 일어난다. 집에서 마음 놓고 삼겹살과 고등어도 못 구워 먹는다. 냄새로 이웃의 불만을 살까 걱정이 앞선다. 그럼에도 불구하고 오랜 시간 동안 스스로 돈의 증식을 빠르고 쉽게 해주었던 아파트였기에, 쉽게 아파트에 대한 욕망을 포기할 수 없다.

또한, 우리는 세계적인 도자기 나라였던 자랑스러운 역사가 있었음에도 불구하고 로얄코펜하겐과 같은 유럽의 도자기를 소비한다. 정작 우리가 열광하는 값비싼 북유럽 자기 브랜드들이 그들의 전통성(heritage)을 이야기할 때, 그들은 동양 나라인 중국에서 영감을 얻고 발전시켰다고 고객들과 커뮤니케이션하고 있다.

"18세기는 도자기 분야에서 청회화의 정점이었습니다. 당시 유럽의 도자기 생산자들은 영감을 얻기 위해 도자기 그림 전통이 뿌리 깊은 중국으로 눈을 돌렸습니다. 로얄코펜하겐의 설립자인 프란츠 하인리히 뮐러(Frantz Heinrich Müller)도 예외는 아니었습니다. 그는 양식화된 국화 모티프를 중국으로부터 덴마크로 수입하여 오늘날 우리가 알고 있는 로얄코펜하겐의 군청색 패턴으로 개발하고 정교화 시켰습니다."

"The 18th century was the pinnacle of blue painting in ceramics. At that time, European porcelain factories looked east to China for inspiration, as this is where porcelain-painting tradition had deep roots. Frantz Heinrich Müller, founder of Royal Copenhagen(then the Royal Porcelain Factory), was no exception. He imported a stylised chrysanthemum motif from China to Denmark where it was developed and refined into the ultramarine pattern we know today on the fluted porcelain from Royal Copenhagen."

출처: 로얄코펜하겐 홈페이지

오랫동안 한국 사람들은 경제 발전을 위한 산업 발전 수단인 인적 자원(human resources)이 되어 교육받고, 경쟁하고, 일하면서 삶을 살아왔다. 나는 2010년 신입사원 시절 아침 7시에 출근을 했다. 많은 임원들은 그보다 더 일찍 출근을 했다. 아침 8시면 정식 근무가 시작되었고, 오후 6시 정시에 퇴근하는 시간은 드물었다. 집 밖에서 12시간을 보내는 것이 보통이었다. 이 이야기를 나의 유럽 친구들과 나눌 때면 그들은 다들 믿을 수 없다고 이야기한다. 그로부터 약 15년이 지난 지금, 전 세계인들은 일을 덜 하자고 난리다. 영국, 벨기에, 독일 등 유럽에서 주 4일 근무를 실험하고 있다. 동양에서는 최근 일본의 도요타 그룹이 근로자 대상으로 주 4일 근무제를 실시하겠다는 발표를 했다. 보수적인 일본 자동차 회사의 주 4일 근무 실시 발표는 많은 것을 시사한다. 오늘날 기업은 시장에 대한 통찰력과 고객의 마음에 감동을 줄 수 있는 마케팅이 필요하다. 결국 근로자들의 지성과 감성이 핵심적으로 작용한다. 반면, 사람은 피곤하고 불안한 상태에서 창의적인 아이디어를 낼 수 없을 뿐더러, 예리한 통찰력을 갖기도 불가능하다. 도요타 그룹은 적어도 이를 잘 아는 것 같다. 이제 일본인들에게 창조적인 일을 하고 삶을 더 아름답게 디자인 할 수 있는 여건이 주어졌다. 향기로운 꽃에 나비가 날아들듯이, 아름다운 라이트 스타일을 가진 이들에게 세계인들은 매료된다.

4) 나는 아재들이 싫어요

조부모 시대에는 독립 운동을 위해, 부모 시대에는 민주화를 위해 투쟁했다면, 현대인들은 일상에서 '아재'들과의 투쟁이다. '아재'는 기성세대 남성만 지칭하는 것이 아니라, 낡은 가치관이나 과거 성공 체험에 얽매여 새로운 것을 배우는 자세를 잃어버린 사람을 가리킨다. 따라서, 여성이라고 할지라도, 제아무리 젊은 Z세대라도, 미래지향적이지 않고 폐쇄적인 사고방식으로 나와 다른 사람에 대해 존중하는 자세가 부족하고, 일 중심적이지 않으며, 또 그런 태도가 타인과 공동체에 피해를 준다면, 특히 경제 공동체인 기업의 발전에 걸림돌이 된다면, 그 사람은 '아재' 범주에 속한다고 할 수 있다.

야마구치 슈와 미즈노 마나부가 쓴 책『감성과 지성으로 일한다는 것』을 읽고 오늘날 일본에서도 '아재'의 개념이 있고, 바로 이 '아재 사상'이 기업의 성장에 걸림돌이 되고 있다는 것을 알았다. 국어사전을 찾아 보면 한국어로 아재의 원래 뜻은 '아버지의 형제 중 아버지보다 연령이 낮은 사람'을 가리키는 친족 용어이다. 보통 '숙부', '삼촌'을 가리키는 단어라고 나온다. 아니, 이 친근하고 따뜻한 우리의 삼촌들이 오늘날 어쩌다가 MZ세대들이 그렇게 무서워하는 존재가 되었을까?

최근 중앙노동위원회에서 실시한 조사에 의하면 국민 전체 43%가 직장 내 갈등 중 'MZ세대와 갈등이 가장 많아질 것'이라고 답변했다. 나는 두산에서 잠시나마 조직문화 개선 담당자 역할을 하면서 기업에서 발생하는 세대적 갈등의 주요 원인을 직접 체감할 수 있었다. 합리적이지 않은 업무 방식, 설득이 아닌 굴복시키는 리더십을 발휘하는 기성세대들과 일하기 힘들다는 MZ세대의 불만. 팀장이 나를 대놓고 수단으로 대하려 드니 도저히 내가 하는 일에 의미를 못 느끼겠다는 것. 내가 쏟아내는 아이디어와 보고서를 가로채고 성과와 공로는 자신이 오로지 가져가는 선배와 상사. 나의 노력에 대한 인정과 존중이 없는 회사에서 수동적일 수밖에 없다는 것. 또, 기성세대의 고충은 어떤가. 요즘 사람들은 '라떼(나 때)'처럼 시키면 시키는 대로 열심히 하지 않는다는 것. 젊은이들이 마땅히 가져야 할 순수한 열정을 보이기보다 약고 계산적이라는 것.

나는 짧았지만 모 대기업의 B2B 영업 활동 진단 프로젝트를 수행한 적이 있다. 이 때, 미국에서 비즈니스를 전공한 90년대생 남성 한 명과, 독일에서 환경 분야와 비즈니스를 전공한 90년대생 여성 한 명의 리서치 어시스턴트(RA)와 워크그룹을 이루어 일했다. 당시, 사회 초년생이었던 Z세대 한국 남성이 그의 동료들에게 보인 무례함이 기억난다. 그는 일터에서 집안, 학벌, 재력 등을 기준으로 주변인들과 본인을 견주어 서열을 확인하려는 언행을 일삼았다. 반면, 높은 직급을 가진 임원에게는 아주 깍듯이, 아니 너무 과도하다 싶을 정도로 본인을 낮추고 예의를 갖추었다. 이뿐만이 아니었다. 나는 Z세대 직원들은 저녁 회식을 싫어하는 줄 알았다. 그런데 세상에나. 이 친구는 회식을 안 한다고 그룹장이었던 나에게 불평불만을 호소하는 게 아닌가. 젊은 꼰대였다. 그것도 미국 유학파 꼰대.

기성세대는 어떠한가. 최근 유럽과 미국에서 기업들은 고정비를 줄이기 위한 노력의 일환으로 '스마트워크'에 대한 인식을 개선하고 있다. Covid19 팬데믹 기간 사무실 출근, 장시간 근무 등 외적인 요소가 업무의 품질, 생산성과 같은 질적인 요소에 전혀 영향이 없다는 사실이 드러났다. 최근 세계 최대 전자상거래 기업인 아마존이 '주5일 사무실 근무'를 통보하자 직원 10명 중 7명이 이직을 고려하는 것으로 밝혀졌다는 뉴스 기사는 사람들의 변화된 스마트워크에 대한 인식을 보여준다. 인간에 대한 이해보다는 통제가 편한 기성세대들은 이러한 세계적인 변화가 새롭기보다 불안하다. 본질적인 기업 경쟁력 강화와 인재 유치의 선순환을 위해 많은 사람들이 애써 힘들게 쟁취한 그룹사의 스마트워크 가이드라인을 단번에 무효화시키는 60년대생 본부장. 수많은 계열사 중 한 곳에서 약 30명으로 구성된 한 부서를 통솔하는 본부장 개인의 과도한 권위 의식과 견고하게 굳어버린 과거 일하는 방식과 습관은 그룹사의 가이드라인마저 철저하게 묵살시킬 수 있다는 사실에 나는 경악했다. 이러한 강압적이고 일방적인 리더십을 따라야 하는 직원들은 기업의 목표에 따라 본인의 역할을 찾아 자발적으로 기여하기를 멈춘다. 그냥 지시를 기다릴 뿐이다. 사람들이 자발적으로 사고하고 판단하고 성장하기를 멈추는 것. 소름끼치지 않는가? 우리가 북한 사회를 비웃는 이유가 이것 아닌가? 경제 공동체인 기업도 작은 사회라면, 어떤 문화가 정착되어 있는가를 보면 그

기업의 리더십과 임직원들의 품격이 보인다.

  어둠 속 빛 같은 사람들을 만나면 기분이 좋다. 2019년 어느 한 국제 포럼 장소에서 우연히 문정인 전 한반도 평화포럼 이사장님과 내가 모셨던 홍콩 상사와 짧은 티타임을 하게 되었다. 나는 저 옆에 앉아서 지켜보았는데, 이사장님께서 나를 불러 테이블에 같이 앉아 대화에 참여할 것을 청하셨다. 나는 그 상황을 생각하면, 아직도 마음에 찡한 감동이 파도처럼 밀려온다. 그는 자기 일과 전혀 무관한 사람에게 친절하였고, 또 본인의 대화 상대가 되지 않을 법한 한창 어린 젊은이를 존중했다. 분명 모든 사람을 대할 때 기본적으로 존중하는 태도가 몸에 배어 있으신 분이구나 싶었다. 아, 저렇게 부지런히 학식을 갖추시고, 겸손하고 인자하신 리더들 덕분에 내가 지금 이렇게 한국 사람으로서, 또 한국 여성으로서, 외국인 비즈니스 파트너들과 당당하게 일을 하면서 살아갈 수 있구나 깨달았다. 그 때 나는 비로소 닮고 싶은 어른이 생겼다. 스쳐가는 만남에서도 누군가에게 이렇게 빛이 될 수 있는 멋진 어른으로 살겠다고 다짐했다. 그 후로 나도 일을 하면서 모든 사람을 존중하려고 노력한다. 물론 언제나 잘 되지는 않지만.

자유롭고 역동적인 사유가 불가능하면 세상 전체를 보는 세계관은 좁아질 수밖에 없다. 나는 전 세계 안에서 내가 속한 공동체 그리고 나의 삶을 사유할 수 있어야 한다고 생각한다. 나 스스로에 대한 이해와 존중은 그렇게 시작되며, 스스로의 삶을 긍정하고 자신을 사랑할 수 있는 자만이 타인을 존중할 수 있다. 80억 인구 모두가 연결되어 상호적으로 영향을 주고받는 세상에 살면서, 세상에 대한 호기심은 포기한 채, 나의 작은 삶에 사고가 갇히면 우리는 영원히 타인을 진심으로 이해할 수 없을지 모른다. 그렇게 되면 타인은 언제나 경계의 대상, 혹은 나의 목표를 이루기 위한 수단일 뿐이다.

얼마 전 일본과 관련된 뉴스를 보고 씁쓸해 하지 않을 수 없었다. 일본에는 회사와 가축을 더해 '사축'이라고 부르는 신조어가 있단다. 그런 일본에서 출근길을 볼 수 있는 장소가 '사축 관찰 카페'라는 이름으로 해외 관광객들, 특히 도시별 인구 밀도가 낮은 유럽과 미주 등 서구 관광객들에게 관광 명소가 되었다고 한다. 그 곳은 바로 아침 출근 시간 70만 명의 일본 회사원들이 지나가는 도쿄 시나가와 역이다. 개미 떼처럼 우르르 서로를 밀고 지하철을 타야 하는 도쿄의 출근길 풍경은 서울과 많이 닮았다. 또, 오랜 기간 지속되었던 나의 매일 아침 출근길 풍경과 닮았다. 누군가의 삶의 현장이 지구 어느 곳에 사는 다른 누군가가 보기에 우스꽝스러워 보이고 구경거리가 되는 사실은 슬프다. 무엇을 위해 바쁘게 살아야 하는지 사유할 시간과 마음의 여유가 허락되지 않는 일상. 사람들이 마치 기계처럼 움직여야만 하는 오늘날, 많은 기업들은 사람보다 더 똑똑한 기계와 로봇을 만들어 내길 원하고, 더 많은 수익을 창출하기 위해 창조적인 인재들을 원한다. 아이러니하지 않는가? 과연 가능한 것일까?

도쿄 시나가와 역 출근길 풍경

출처 : JTBC

야마구치 슈와 미즈노 마나부는 지금처럼 온갖 물건과 서비스가 넘쳐나는 세상에서 사람들은 스스로의 필요를 너무도 쉽게 충족하고 있다고 했다. 따라서, 기업은 브랜드의 스토리텔링 능력과 지성과 감성이 결합된 일하는 문화를 창조해내는 것이 곧 경쟁력이라고 했다. 스토리텔링, 즉 상상력과 창조력. 이것이야말로 반복적으로 학습시켜 축적된 과거 데이터를 기반으로 작동하는 AI(Artificial Intelligence, 인공지능)와 차별화되는 인간의 능력이다. 똑같은 상품을 빨리 빨리 생산해내는 것이 중요했던 과거와 같이 직원들의 업무 속도를 통제하고 외부 압력을 통해서 사람들을 움직일 수 있다고 생각하는 리더십이 이끄는 기업의 미래는 없다. 우리 모두 AI라는 똑똑한 비서를 두고 살아간다. 챗지피티(ChatGPT)는 그 어느 인간보다 더 많은 양의 정보를 기억하고 있고 빠르고 정확하게 제공한다.

드디어 모두가 미래를 마음껏 상상하고 기획하고 스스로 좋아하는 일을 할 수 있는 시대가 도래한 것이 아닐까?

문제가 점차 줄어들고 있는 현대 사회에서는 우선 세계관을 구성하는 것이 무엇보다 중요하다는 겁니다. 현대 예술가인 Joseph Beuys는 세상에서 일하는 모든 사람은 '세계라는 작품을 제작하는 예술가다!'라고 했습니다. 바라건대 여러분도 Joseph Beuys의 말을 가슴에 담아 여러분 나름의 세계관을 가지고 하루하루를 열심히 살아가면 좋겠습니다.

_야마구치 슈, 미즈노 마나부, 『감성과 지성으로 일한다는 것』, 마인더브

3장

한국의
기업가 정신

해병대 훈련과
신입사원 교육

나는 2010년 현대기아 공채로 입사했고 6주간 전체 신입사원 2,000명이 모여서 집단 교육을 받았다. 당시 회사에서는 근면성실을 강조하였는데, 모두가 단체로 똑같은 유니폼을 입고 새벽 6시에 기상해서 아침 체조로 일정을 시작했다. 교육 기간 중에는 그룹사의 역사, 그리고 회사에서 업무에 필요한 태도와 매너 등을 익혔다. 많은 교육 중 가장 강렬한 기억이 된 시간은 놀랍게도 해병대 교육이다. 해병대 군복을 입은 조교들의 지휘하에 7-10명으로 구성된 그룹들이 해변에서 보트를 들고 다같이 바다로 뛰어들어갔다. 또, 지리산을 엄청난 스피드로 올라갔다. 그 때 일부 여성 동기들은 교관이 요구하는 훈련 강도와 속도에 따라가지 못하고 탈진하는 사례도 발생하였다.

지금 생각해보면 내가 어떻게 그 모든 것을 해냈을까 싶다. 아무런 반감도 없이. 언제 또 내가 95% 이상 남성들로 구성된 동료들과 함께 이런 시간을 보내겠나 생각했다. 하지만, 그런 우려는 전혀 할 필요 없었다. 홍콩 공기업에서 한국 정부와 기업을 대상으로 대외 협력 업무를 수행한 기간에 홍콩 본사에는 사장부터 여성이었고, 대략 50%의 임직원이 여성이었다. 하지만 나의 한국 카운터파트들 대부분이 40-50대 남성이었으며, 그 후 두산 계열사로 이직했을 때에도 95% 이상의 임직원이 남성이었다. 신입사원 교육 때 느껴졌던 상명하복, 군대 문화 이런 것은 전혀 반감이 느껴지지 않았다. 비교 대상이 되는 과거 경험이 없었기에, 원래 멋진 커리어 우먼이 되려면 당연히 익숙해져야 하는 것이 바로 군대 문화라고 생각을 했었다. 대학 졸업 후 취업에 성공했다는 성취감을 넘어 글로벌 시장에서 한국을 대표하는 자동차 기업 현대기아차 그룹의 일원이 된 것만으로 내 삶은 성공이었다. 아마 당시 훈련 현장에 있었던 2,000여 명의 20대 청년 모두가 그렇게 생각했을 것이다.

그렇게 사회생활을 시작한 지 7년 후, 2017년부터 약 4년간 홍콩의 중소기업의 해외 시장 진출을 돕는 업무를 하게 되며, 나는 홍콩 정부로부터 월급을 받았다. 일을 하면서 서구와 동양을 깊고 넓게 잇고 있는 홍콩 공무원들과 기업가들을 많이 만났다. 이들은 내가 그간 한국 대기업에서 접했던 사람들과는 달랐다. 뭔가 다른 에너지를 뿜어냈다. 그들은 내가 기업 입사 후 처음으로 경험했던 해병대 훈련은 인생에서 단 한 번도 해 본 적이 없었을 것이다. 그 대신 그들은 어렸을 적부터 홍콩을 찾는 다양한 국적의 사람들을 자연스럽게 접해왔다. 홍콩의 식당, 카페, 노점상을 하는 작은 소상공인들이 해외 손님을 상대할 확률은 한국의 그 어느 도시에서 영업을 하는 상인들보다 더 높았을 것이다. 중소기업들도 해외로 나가지 않고도 홍콩에서 열리는 산업 전시와 컨퍼런스에 참가하면 다양한 나라의 거래처들과 자연스럽게 연결된다. 저절로 세계관이 넓은 개인들이 구성하는 도시가 되는 것이다. 그러다 보니 이들은 매우 자연스럽게 다양한 문화를 가진 다양한 나라 사람들에게 마음을 열고 친구가 되고 함께 일을 한다.

　같은 동양인 외모를 지닌 한국인, 일본인, 중국인들 사이에서 홍콩 사람들의 아이덴티티가 제일 명확하게 드러나는 장소는 비즈니스 리셉션 자리였다. 서구 사람들과 홍콩 사람들은 비즈니스 리셉션 자리에서 아주 유연하고 세련되게 다양한 사람들과 활발히 명함을 주고받는다. 낯선 사람들과 처음 만나는 자리에서 아주 자연스럽게 대화를 주고받는다. 평소에 타인에 대해 마음이 활짝 열려 있지 않으면, 이런 자리는 고통이다. 이성이 강하게 작동하는 비즈니스 미팅 장소를 벗어나, 감성과 유연한 자세가 필요한 자리에서 많은 한국 회사원 혹은 비즈니스맨들은 뻣뻣하다. 평일 저녁에 회식을 그렇게 많이 했고, 주말에는 골프와 사우나를 같이 했다. 노래방에서는 같이 신나게 노래를 불렀고, 흡연실에서 같이 떼를 지어 담배를 태웠다. 이렇게도 관계에 많은 시간과 돈을 투자하는 사람들이 정작 네트워킹 실력이 발휘되어야 하는 공식적인 비즈니스 네트워킹 자리에서 해외 사람들과 감성적 교류가 어렵곤 했다. 일상에서 많은 시간 경직된 문화에서 상명하복 방식으로 일을 하는 사람들이다 보니, 한순간 수평적인 관계로 유연하고 자연스러운 모습으로 변하기가 여간 어려운 것이 아니다. 그것도 맨 정신으로. 이러한 한국 비즈니스맨들의 뻣뻣한 태도는 서구 사람들과 홍콩 사람들이 보기에 전혀 세련된 모습일 수 없다.

국제도시,
세계와 연결되고 싶은 욕망

　나는 한국의 수도인 서울뿐만 아니라, 인천, 부산과 같은
광역시, 또 제주특별자치도 등 한국 지방 정부의 국제협력부
서나 투자유치 기관을 만나서 미팅할 일이 많았다. 그럴 때
마다 기관들은 한결같이 홍콩과 같은 국제도시를 만들고 싶
다는 비전을 나눴다. 홍콩이나 싱가포르 같이 전 세계 수많
은 기업과 인재들이 모여들어 일을 하고 문화를 향유할 수
있는 도시를 만들겠다는 것. 또한, 나는 여러 기관에서 전국
곳곳에서 개최하는 국제 박람회와 포럼에 참가할 기회가 많
았는데, 많은 행사들의 명칭이 '국제'라고 시작되었지만, 정
작 외국인이 많이 보이지 않고, 내국인이 대부분인 '로컬' 행
사에 가까웠다.

　"제주국제자유도시 '글로벌 제주' 비전은?" <2021. 6. 노컷뉴스>

"인천 글로벌 도시를 위한 문화비전, 근대 문물 창구에서 예술 창작 요람으로" <2023. 5. 인천일보>

""국제 회의 중심 도시로 만든다" 수원시 '2024 수원 MICE 위크' 성료" <2024. 7. 뉴스1>

"부산 시장, "자본·인재 모이는 '기회의 도시' 만들 것"" <2024. 7. 한국일보>

"'친절·정직·깨끗한 강릉 만들기' 발대식…국제관광도시 도약" <2024. 7. 연합뉴스>

이런 현상들을 보면 사람들은 분명 타자를 환대하고, 나와 다른 사람들과 연결되고 싶어 하는 본성을 지니고 있다고 믿을 수밖에 없다. 나는 독일, 미국, 중국 등 다양한 국적의 타자들과 공부하고 일을 했다. 수많은 타자들과의 만남 중에 잊을 수 없는 기억은 바로 북한 학생과 같은 반 학우로 만난 것이다. 나는 아버지를 따라 처음 중국으로 유학을 갔던 15살 중학교 2학년 때, 중국 심양에 위치한 중국 공립학교에서 운영하는 국제반에서 공부를 했다. 학급에는 한국과 싱가포르인 몇 명의 외국인 학생들과 현지 중국 학생들이 섞여 공부했다. 어느 날 새로운 학생이 왔는데 심양에 주재하는 북한 외교관의 아들이었다. 그의 존재는 나에게는 너무나 신기했다. 왜냐하면 1990년대 한국에서 초등학교 6년 내내 매년 6월 25일만 되면 선생님은 1950년 그 무시무시했던 한국 전쟁의 참상에 대한 이야기를 아주 진지하게 설명을 했기 때문이다. "아, 아. 어찌하여 이날을 잊으리."로 시작하는 군가를 그 병아리 같은 어린 아이들이 선생님을 따라 비장한 마음과 표정으로 떼창을 했었다.

세상에. 내가 그 무서운 북한 사람을 만나다니. 그것도 같은 반 학우로. 나는 그에게 다가가서 "학교 한국 친구들, 싱가포르 친구들과 같이 점심 먹자!"라고 말했다. 지금 돌이켜 보면 나는 참 담대한 소녀였다. 30대 후반인 지금도 나는 나와 다른 국적을 가지고 다른 문화와 질서 안에서 사는 사람들, 또 나와 전혀 다른 경력과 다양한 경험을 가진 사람들과 맛있는 식사를 하면서 영감 있는 대화를 나누는 것을 즐긴다. 나와 다른 경험을 하며 살아온 사람들과 나누는 대화를 통해 나의 세계가 넓어지는 시간, 그리고 맛있는 식사는 정말로 중요한 것! 어쨌든 내가 함께 점심을 먹을 것을 청했으나 돌아온 그의 대답에 나는 당황했다.

"아버지한테 물어봐야 해."

아니, 같은 학교 친구들과 점심 한 끼 먹는 데에 아버지의 허락이 필요하다니. 그는 학교에서 점심을 먹을 때조차도 자유가 없었다. 이렇게 타자를 믿지 못하고 경계하며 지내는 것이 얼마나 피곤한 일인지 우리는 잘 안다. 뿐만 아니라, 스스로를 고립시키는 길이다. 오늘날 북한의 참상을 보면 연결이 아닌 고립은 얼마나 사람의 생명력을 떨어뜨려 자멸의 길로 이끄는지 알 수 있다. 개인의 삶도, 기업도, 국가도 마찬가지. 그 다음날 그는 나에게 말했다.

"아버지가 한국 사람들하고 어울리지 말라고 그러셨어."

그리고 약 한 달 후에 그는 아예 사라지고 학교에 다시는 나타나지 않았다. 한국 학생들이 전혀 없는 다른 학교로 전학 가버린 것이다. 10대 청소년이었던 나에게 그 학생은 분명 알 수 없는 두려움을 느끼게 하는 존재였으나, 한편으로는 엄청난 호기심을 일으켰다. 그는 내가 쓰는 말투와는 다르지만 분명 나와 같은 한국어를 사용하고 있었다. 중국 유학을 위해 둘 다 부모님 따라 중국에 왔다. 나는 기업가 아버지를 따라 서울에서. 그는 외교관 아버지를 따라 평양에서. 남북 분단의 역사적 사건의 영향으로 인해서 친구가 될 수 없었다. 지금 생각해 보면 연결되고 싶은 인간의 욕망이 오랜 시간 분단으로 인해 생긴 두려움으로 인해 실현되지 못한 것이다. 그 때, 나에게 한국 전쟁은 교과서, 다큐멘터리, 박물관에서만 접했던 먼 이야기가 아닌, 나의 삶에 직접적으로 슬픔을 준 사건이었다.

성인이 되어 한국에서 사회생활을 하면서 연결이 아닌 단절이 간접적으로 상실감을 주는 상황들이 많았다. 홍콩에서 외국인 직원이 한국의 기관과 기업에 미팅 요청을 하면 모두 긍정적인 피드백을 받는다. 한국 사람들은 많은 상황에서 나와 다른 문화와 질서 안에서 살면서 다른 언어를 사용하는 타자인 외국인들을 환대한다. 물론 개발도상국에서 온 사람들을 향한 차별도 심하지만, 한국에 잠깐 여행 오거나 파견 근무를 위해 단기 체류를 한 서양 사람들 대부분은 한국인이 친절하고 개방되어 있다고 말한다.

과연 정말 우리 개인들은 진심으로 나와 다른 타자를 인간 그 자체로 존중하는 마음을 가지고 살아가고 있을까? 아니면 나에게 도움이 될 만한 사람들을 무의식적으로 구분 짓고, 내 편인 사람들에게는 친절하지만, 나와 조금이라도 다른 의견을 가진 사람들을 과도하게 경계하고 배제시키는 것이 습관화되어 있지는 않은가? 사람들 사이에서 나타나는 과도한 경쟁, 경계, 분열의 근원이 무엇일까.

현실은 당신과 내가 사는 이 나라는 아직도 전쟁 중인 국가라는 점이다. 1년 내내 무시무시한 뉴스를 접하며 무의식적으로 두려움이 내재화된 상태로 일생을 살아왔는지 모르겠다. 한국 남성들의 경우 병역이 의무이기에 더 심할 것이다. 그럼에도 불구하고 우리는 어느새 이 상태로 살아가는 것이 당연하고 평범한 일상이 되었다. 2013년 4월 9일, 당시 시사 분야 최대 이슈였던 '북한 미사일'을 넘어 대기업 채용 소식이 네이버 검색어 상위권을 차지했다. 당시 검색어 1위를 차지한 회사의 사무실 안에서 스트레스를 받으며 일을 하고 있었던 20대의 나는 이러한 현상이 신기하여 기사를 캡처하여 보관했다.

'북한 미사일' 잡은 '기아자동차 채용'

데일리안   2013.04.09 오후 8:50
최종수정   2013.04.10 오전 12:05

💬 46 ›   가－ 가＋

실시간 급상승 검색어 ?	▲
1 기아자동차 채용	▲159
2 북한 미사일	▲171
3 티웨이항공	▲96
4 김정은	▲81
5 보험개발원	▲252
6 자이언티	▲168

출처: <2013.4.9. 데일리안>

　　최근 한 프랑스인 지인이 한국에 머무는 동안 북한의 인권과 탈북민의 한국 생활 적응을 돕는 NGO 기관에서 봉사 활동을 짧게 했다. 이 친구는 NGO 기관에서 많은 한국인 동료를 만날 수 있을 것이라고 기대했지만 모두 본인과 같이 북한에 관심이 있는 유럽 직원들이 많았고, 단 한 명의 한국인 직원이 없어 놀랐다고 했다. 어느 하루는 길거리 시민 인터뷰를 할 기회가 있었는데 한국 사람들이 북한 이슈에 관심이 전혀 없어 보여 또 한번 놀랐다고 했다. 만약 프랑스가 지금 한국처럼 남북으로 분단이 된 상황이었더라면 프랑스 청년들은 적극적으로 사회운동을 전개했을 것이라고 했다. 자신이 느끼기에 한국 사람들은 북한에 대해 관심이 전혀 없고 전쟁에 대한 두려움도 전혀 안 느끼는 것 같다고. 그런 한국에서 그녀는 대학원 진학을 준비 중인데, 자신의 북한 인권 보호 활동 경력이 대학원 교수님들로부터 부정적으로 평가되는 것 아닌가 하며 걱정했다. 심지어 자기소개서에서 해당 경력을 지워야 하는지 고민된다고 나에게 털어놨다. 난 씁쓸했다. 다른 사람에 대해 뭐라고 말할 필요 없이, 나 스스로도 북한에 대해 고민할 여유가 없다. 나 스스로도 바쁜 일상과 불확실한 미래에 대한 고민도 벅차다.

그럼에도 불구하고 나는 우리 모두는 타자, 즉 나와 다른 이들과 연결되고 싶어 하는 본능이 있다고 믿는다. 연결되고 싶은 욕망을 지니고 있음에도 불구하고 연결되지 못한 채 갑갑한 분위기 속에서 살아가고 있는 한반도 곳곳에서의 국제 도시 건설에 대한 원대한 비전에 대해 외국인들은 어떻게 생각할까?

"조금 힘들지 않을까? 국제도시에 대한 비전은 좋은데 나라의 위치를 옮길 수가 없잖아."

동양 최대 국제도시 홍콩의 황금기를 누린 이들의 솔직한 의견이다. 지리적으로 우리는 고립되어 있다는 이야기다. 최근 홍콩의 정치적 불안으로 인해 아시아의 국제 허브 도시로 부상하고 있는 싱가포르의 지도를 보아도 말레이시아와 육로가 연결되어 있다. 그런 대화를 할 때 마다 나는 한국인으로서 알 수 없는 슬픔과 먹먹한 감정에 잠기곤 했다.

한국의 어느 한 광역시의 자유 경제 무역 청장 미팅 때 그의 발언과 행동이 기억난다. 그날은 홍콩 주요 기업가들이 경제 사절단으로 구성되어 그의 사무실을 방문했다. 그에게는 외국인 투자를 유치할 수 있는 좋은 기회였다. 하지만, 그는 투자 유치를 위한 해당 광역시의 소개는 전혀 하지 않고 너무나도 서투른 영어로 "오, 아이 러브 홍콩! 과거 한국에서 홍콩에 간다는 말이 있는데 아주 좋은 의미로 쓰였어."라고 말했다. 나는 그가 맡고 있는 직책과 역할에 비해 상상할 수 없을 정도로 수준 낮은 발언을 하는 것과, 천박한 비즈니스 매너에 놀랐다. 나는 비록 홍콩 정부로부터 월급을 받는 사람이었지만, 한국인으로서 너무 창피해서 쥐구멍이 있으면 들어가 숨고 싶었다. 다행이 자리에 있었던 홍콩 기업가들은 그의 발언을 문자 그대로 이해하는 것 같았다. 어떤 의미가 그 말에 숨어있는지 나는 그들에게 끝까지 설명하지 않았다.

14세기 버전의 홍콩?
코리아, 개성시티

한국 기업가 정신에 대해 진지하게 생각해 본 계기는 2021 년 한국−화상 비즈니스위크 행사에 초대를 받아 참가했을 때이다. 당시 한국 대통령 환영사에서 개성 상인이 언급되었고, '개성 상인'이라는 단어가 처음 나의 뇌에 각인되는 순간이었다. 당시 34세였던 나는 중국과 독일에서 유학을 한 한국인으로서 홍콩 정부 기관에서 대외협력 업무를 하며 한국의 기업 문화, 일하는 방식 등에 대해 외국인들에게 소개할 기회가 많았는데, 어찌 개성 상인을 모르고 있었을까. 반성하지 않을 수 없었다. 나는 그날 이후 개성 상인에 대한 다큐멘터리와 책을 찾아보기 시작했다.

고려시대(918-1392)부터 조선시대까지 현재 개성(당시 명칭은 개경)을 중심으로 국제 무역을 한 상인 집단을 개성 상인이라고 한다. 개성 상인들이 상업과 국제 무역에 대한 전문성을 가지고 활동할 수 있었던 배경에는 개성이 국제 무역 도시로서 외국 사신과 상인들이 빈번한 왕래를 하는 세계적인 상업 도시였다는 사실이 있었다. 매년 11월이면 고려의 수도 개성에서 국제적인 박람회가 열렸고, 전 세계 사람들이 도처에서 모여들었다고 한다. 세계의 문화와 문물에 활짝 열려 있던 국제도시. 여러 나라의 외국인이 정착해서 살 만큼 자유롭고 개방적인 도시. KBS 역사스페셜 다큐멘터리 〈Corea, 개성〉을 시청하던 중 사회자의 멘트에 전율을 느꼈다.

"약 천 년 전 고려의 수도 개성은 세계와 함께 호흡하는 국제도시이자, 동서 문화의 용광로였습니다."

이는 내가 비즈니스의 도시 홍콩을 한국에서 다양한 이해관계자들에게 홍보하는 업무를 수행하면서 매일 해야 했던 말이다. 홍콩이라는 도시를 수식하는 단어들과 너무도 비슷했다. 아니, 거의 똑같다. 20세기 동방의 진주 홍콩과 버금가는 국제적인 도시가 약 1,000년 전에 우리나라에 이미 있었다니!

홍콩특별행정구 도시 브랜드 슬로건

아시아의 세계 도시, 홍콩을 경험하세요.

Experience Hong Kong, Asia's World City.

하루 만에 홍콩의 동서양 전통을 모두 경험하세요.

Experience Hong Kong's East-meets-West heritage in one day.

출처: Brand Hong Kong 홈페이지

과거 아주 오랫동안 수많은 세계인들이 비즈니스 기회를 찾기 위해 국제 도시 홍콩을 찾았다. 나 또한 열심히 한국 산업 각계 정부와 기업인들을 홍콩으로 초청했다. 약 4년 동안 매일같이 홍콩에 대한 소개를 해왔다 보니 자동 응답 기계처럼 멘트가 나올 지경이다. 하지만 나는 직업을 떠나서, 홍콩이라는 도시를 정말 사랑했다. 동서양의 문화가 한곳에 있었고, 동남아, 중국, 아랍, 유럽 등 너무나도 다양한 사람들이 다양한 언어를 사용하면서 서로가 서로에게 접속하는 곳이었기 때문이다. 전 세계 다양한 삶을 살아가는 사람들이 이곳에서 만나서 연결되고, 친구가 되고, 교역을 했다. 홍콩에 사는 사람들 모두가 도시를 방문한 낯선 사람들과 마주치고 접촉하고 연결되는 것이 매우 자연스러웠다.

이곳에선 중국 광둥어와 표준어, 영어가 기본적으로 흔하게 들린다. 매력적인 도시는 매력적인 사람들을 끌어들이고 매력적인 문화를 만들어낸다. 그 누구와도 자유롭게 연결되고 파트너십을 맺고 교역을 논의할 수 있는 문화적 토양이 되는 이 도시의 매력. 20대의 나는 홍콩에 갈 때마다 한국에서 직장 생활을 할 때는 절대 못 느꼈던 일종의 연결감과 해방감을 느꼈다. 이런 도시가 한국에 이미 존재한 적이 있다니! 우리는 모두 세계인을 구분 없이 열린 자세로 대하고, 그 누구와도 손을 잡고 협력할 수 있는 글로벌 비즈니스맨의 DNA를 뼛속까지 가지고 살아왔던 것이다. 그런 한국인들이 상명하복 관습에 길들여져 국제 비즈니스 리셉션에서는 목석처럼 뻣뻣한 사람들이라는 인식을 가지게 됐다니, 왠지 억울하고 슬프다.

　한국 사람들은 경영학을 배우러 줄곧 일본과 미국으로 많이 유학을 갔다. 미국에서 MBA 학위를 받고, 경영 컨설턴트로 억대 연봉을 누리고, 기업 각 부문의 의사 결정자로 일하는 것이 엘리트들에게 정해진 진로였다. 내가 독일에서 비즈니스를 배우겠다고 하자 당시 내 주위 한국 엘리트 동료나 선배들이 왜 미국이나 중국으로 안 가냐며 의아해 했다. 한국 사람들은 왜 다수의 선택을 따르지 않으면 물음표를 던지는 것일까? 다수 속에서 비교와 경쟁으로 숨이 막혀 질식을 하면서도.

보통 국제 무역은 서구의 대항해 시대 이후 활발해졌다고 믿고 있다. 투자, 기획, 실행 등 여러 이해 관계자들이 협업하여 진행되는 대규모 프로젝트인 만큼 모두가 동의하고 이해하고 해석 가능한 회계 시스템이 있어야 가능했다는 것이 전문가들의 견해이다. 그 회계 시스템의 기본 원리가 바로 복식 부기(double-entry accounting)이다. 사람들은 복식 부기는 시장 경제와 국제 무역을 먼저 발전시킨 서구에서 탄생한 것이라고 오랫동안 믿고 있었다. 그러나, 서구의 대항해 시대 훨씬 전, 동아시아 나라 고려에서 이미 복식 부기가 사용되어지고 있었다는 사실이 밝혀졌다.

"복식 부기 회계법은 개성이 무역과 산업 중심이었던 한국의 고려시대(918-1392) 초기에 독자적으로 개발되었다고 전해진다."

"The double-entry accounting method was said to have been developed independently earlier in Korea in Goryeo(918–1392) when Gaeseong was a center of trade and industry."

출처 : Wikipedia

고려의 개성 상인들은 서구의 대항해 전에 이미 현대 자본주의 시장에서 사용하고 있는 선진화된 회계 시스템 복식 부기 장부를 기업 경영에 사용하고 있었다는 것이다. 개성 상인이 차용하였던 투명 경영, 상생 경영, 신용 경영은 오늘날 자본주의가 지향하는 최고의 가치이다.

_허성관, 『개성 상인의 탄생』, 만권당

많은 40대 이상 나이의 외국인들이 기억하는 한국과 한국인들의 모습은 1980-90년대 짝퉁을 만들어 팔고, 성격이 급하고, 쉽게 화를 내고, 세련된 매너를 갖추지 못하는 사람들로 기억하고 있었다. 좋은 제품을 최대한 빨리 만들어서 합리적인 가격으로 시장에 출시하는 것. 이 리듬에 나를 포함한 많은 사람들의 삶이 맞추어져 있었다. 만약 고려시대 국제도시 개성의 역사에 대한 이해를 잘 하고 있었더라면, 내가 만났던 아시아에서 독보적인 수준의 국제도시 출신이라는 자부심이 강했던 수많은 홍콩 공무원들과 기업인들에게 "한국에는 이미 천 년 전에 홍콩과 같은, 아니 홍콩보다 더 멋진 국제도시가 존재했었어!"라고 아주 자랑스럽게 이야기했었을 텐데. 나의 무지와 게으름을 탓해본다.

코리안 바이브

1970–90년대 한국 사람들은 홍콩 연예인들과 영화에 열광했다. 지금은 홍콩을 포함하여 전 세계 젊은이들이 한국 연예인들과 영화와 드라마에 열광한다. 매체를 통해 접한 한국인들에 대한 그들의 인식은 패션 감각이 세련되고 로맨틱하다는 것이다. 한국 여성들은 아름답고, 한국 남자들은 멋있다. 2024년 어느 봄날, 홍콩대에서 생태 환경 관련 학문을 전공하고 환경보호 관련 국제 NGO에서 일을 하고 있는 나의 홍콩 친구와 서울 홍대에서 브런치를 먹으며 근황을 나누고 있는데, 옆 테이블에 앉아있었던 이태리 남자가 말을 걸어 오는 것이 아닌가. 그는 기업에서 몇 년 일을 하다가 최근 스타트업을 시작한 창업가라고 스스로를 소개하며, 중국, 일본 등 여러 나라에 출장을 가 보았지만 그 어느 곳보다도 한국 수도 서울의 '바이브(Vibe)'가 최고라고 말했다.

생각해보면 나도 홍콩의 무역 촉진을 위해 홍콩 기업인들에게 한국 시장 정보 및 잠재 파트너사를 연계해주는 일을 하면서도 느꼈다. 해외 기업들에게 관심이 뜨거운 분야는 한국의 ICT 기술 분야 외, 패션, 뷰티, 디자인, 영화, 드라마 같은 컨텐츠, 문화, 예술과 관련 분야였다. 모두 표현의 자유가 보장된 환경에서 발전 가능한 것들이다. 외국인들에게 한국 사람들은 새로운 기술에 대해 매우 열린 자세로 적응이 빠르며, 폐쇄적이지 않고 자유롭고 개방된 자세로 살아가며, 멋스럽고 감각적인 사람들이라는 인식이 있다는 것.

아이러니하게도 한국인인 나는 한국에서 사회생활을 할 때 나만의 의견과 나의 개성은 최대한 드러내지 않는 것이 상책이라고 생각했다. 한 여성 선배가 그녀의 남성 관리자로부터 컬러가 진한 손톱 색깔은 경영층 보고를 할 때 부적절하다는 지적을 받는 것을 보았기에, 자기의 개성이 조금이라도 드러나면 좋지 않은 편견에 휩싸일 가능성이 높다고 생각했다. 생각해보면 웃기는 일이다. 패션의 한 부분에 불과한 손톱 컬러가 일을 하는 것과 무슨 상관이 있단 말인가? 한국에서 사회생활을 잘 한다는 것, 또 일하는 여성으로 성공한다는 것은 최대한 본인의 개성을 죽이고 본인의 입장은 없이 살아야 하는구나 생각했다. 근데, 이게 뭐람. 정작 해외에서 열광하는 한국의 바이브(vibe)는 한국 사람들이 이뤄낸 정치 민주주의, 표현의 자유가 보장되는 사회적 토양에서 허락되는 각자의 개성과 풍부한 감성이 만들어내는 산물들이라니!

하루는 나보다 13살이 어린 99년생 중국인 직원과 간단한 점심 식사를 하면서 편안한 담소를 나누었다. 나는 중국 Z세대가 가지고 있는 여러 가지 생각들에 귀를 기울이며 중국 사회에 대해서 알아가는 시간이 즐겁다. 대화의 후기를 나의 지인들과 나누자 지인들은 내가 마음이 열려 있어서 나이가 아주 어린 친구들에게 세대 차이를 못 느끼게 할 만큼 대화를 잘 하는 것 같다고 칭찬을 했다. 기분이 좋았다. 나는 수평적인 관계가 좋다. 내가 나이가 많다는 이유만으로, 남에게 보이는 사회적 위치가 높다는 이유만으로 사람들이 나에게 깍듯이 대하는 것이 불편하다. 또한, 내가 나이가 적다는 이유만으로, 보이는 사회적 위치가 낮다는 이유만으로 사람들이 나를 존중하지 않는 것이 싫다. 나는 수평적인 관계 안에서 사람에 대한 존중과 예의가 오갈 때 진정한 관계의 의미를 느낀다. 한국 사람들은 프로젝트를 시작하기도 전에 수직적인 관계 안에서 갑을 관계를 따진다. 가정에서도 가부장적인 부모님의 교육을 받고, 심지어 결혼도 부모님의 의견을 따르는 사람들이 많다. 사회에 나가서도 자기 의견을 개진 못 하고 무의식적으로 힘이 있어 보이는 사람의 말에 무조건 복종하는 사람들도 많이 보인다. 그러면서, 힘이 없어 보이는 사람에게는 가차 없이 하대를 한다. 한국 사회에서 수평적인 관계의 즐거움을 발견하는 것은 왜 그리 힘든 것일까?

현재 아일랜드의 한 대학에서 동아시아 관련 학부 교수로 일을 하고 있는 오스트리아 국적 친구의 집에 방문했을 때, 이 친구의 아버지와의 대화가 기억난다. 2008년 내가 대학교 3학년 때 나는 청화대 영문학과에 재학중이었고, 이 친구는 북경대에서 국제관계 석사를 수학하고 있었다. 나는 여름방학 때, 루마니아에서 두 달 동안 환경 보호 관련 봉사 활동에 참가를 하게 되었다. 그때 오스트리아 수도 비엔나(Vienna) 부근에 위치한 이 친구 집에서 며칠 머물게 되었다. 인상 깊었던 점은 친구의 아버지와 친구가 아침, 점심, 저녁 식사를 할 때마다 다양한 주제로 기나긴 대화를 했다는 점이었다.

주제는 정치, 경제, 사회 등 매우 다양했고, 아버지 말을 일 방적으로 아들이 듣고 반응하는 것이 아니라 수평적으로 진 정한 대화를 했다.

그때 그 친구 아버지가 나에게 물었다.

"유민은 한국 사람으로서 북한과의 통일에 대해서 어떻게 생각해?"

당황스러웠다. 나는 당시 그 문제에 대해 깊게 생각해 본 적이 없었다. 20대 초반 한국 여성이었던 나에게 중요한 관 심사는 오로지 옷, 화장품, 연애, 졸업 후 진로였다. 부모님 이 말하는 좋은 대학에 입학했으니 졸업만 무사히 잘 하면 되는 것이었다. 다음 나의 목표는 너무나 명확했다. 좋은 직 장에 취직하는 것이었다. 많은 한국 사람에게 표준화된 인 생의 주요 목표와 수직적인 성공 사다리를 나 역시 치열하게 오르려던 중이었다. 지금 돌아보면 이 오스트리아 어르신은 당시 나를 안쓰럽게 생각하고 있었음이 틀림없다. 1990년대 서유럽 나라들은 연합하여 단일 화폐를 사용하고, 국경 없이 서로 왕래하며 살아가기로 했다. 그렇게 탄생한 유럽연합 (EU) 회원국 나라의 국민으로 살아가고 있었던 어르신은 나에게 해주고 싶었던 말이 많았을 것이다. 외국인인 자신보다도 한국의 미래에 대해 관심이 없어 보이고, 고작 기업의 작은 부품이 되는 것을 꿈을 꾸며, 온 에너지를 쏟고 있는 20대 한국인 청년이었던 나를 향해 어르신은 낮은 목소리로 짧게 조언했다.

"유민은 한국 사람으로서 반드시 북한과의 통일 문제에 대해 깊게 생각해야 해."

나는 진정성 없이 그저 고개를 끄덕였다. 다시 대학 생활로 돌아갔을 때, 나의 생각과 관심사는 크게 변하지 않았고, 열심히 취직 준비를 했다. 사실 내 주위 사람들도 비슷했다. 그렇기에 나 역시 문제가 되지 않는다고 스스로 합리화를 시켰다. 하지만 그냥 넘어가기에 내가 느꼈던 알 수 없는 창피함과 무안함 같은 감정들이 압도적으로 컸고, 15년도 넘게 지난 오늘날 까지 그때 느꼈던 감정이 선명하다.

국제 관계, 경제, 사회적 사안들은 많은 경우 상호 영향을 주며, 내가 속해 있는 공동체의 미래에 대한 이야기이다. 공동체의 미래는 나 개인의 삶의 미래와 분리될 수 없다. 따라서 내가 속해 있는 경제 공동체인 기업의 미래, 그리고 한 국가의 국민으로서 국가의 미래에 대해 깊게 생각하고 의견을 갖는 것이 중요하다는 사실을 나는 이 오스트리아 친구 아버지와의 대화를 통해 깨달았다. 많은 유럽인들이 볼 때 내가 속해 있는 공동체의 미래와 건강한 발전에 관심이 없다면 나 스스로 이기적이고 무지한 사람이라는 뜻이고, 이는 한 인간으로서 부끄러운 것이다.

세상만사에 대해 적극적으로 호기심을 갖는 것. 세계와 스스로의 삶에 대해 큰 질문을 던지는 것. 이리저리 부딪치며 나름대로 질문에 대한 답을 찾아가는 것. 열린 마음으로 타자들을 대하며, 사람을 사람 자체로 존중하는 것. 나만의 고유한 개성을 가지고 나답게 살아가며 긍정적인 에너지를 주위 사람들과 나누는 것. 그것이 세계가 열광하는 코리안 바이브(Korean Vibe)가 아닐까?

조선시대 최초 여성 CEO 김만덕, 한계를 뛰어 넘다

살다 보면 무기력이 중력처럼 찾아온다. 그럴 때면 낯선 곳을 여행하는 것도, 새로운 사람들을 만나는 것도, 새로운 지식을 접하는 것도, 새로운 도전을 하는 것이 귀찮기만 하다. 그럴 때, 약 200년 전 조선시대에 살았던 한 여성이 나에게 확실한 답을 주는 것 같다. 왜 부지런히 세계를 탐험하고, 이치를 깨달으려는 노력을 멈추지 않고, 새로운 일에 끊임없이 도전해야 하는지.

그녀는 유배의 땅 제주 섬에서 신분과 환경의 제약을 이겨내고 큰 부를 쌓고, 그 부를 어려운 이들을 위해 사용한 한국 최초 여성 CEO 김만덕(1739-1812)이다. 내가 김만덕의 존재를 처음 알게 된 것은 2018년 제주에 있는 김만덕 기념관 방문 때였다. 나는 제주에 여러 번 출장을 갔었고, 업무가 끝나고 시간이 남을 때 현지 역사를 알 수 있는 박물관을 찾곤 했다. 하루는 공항 근처 김만덕 기념관이 보였고, 간단한 인터넷 검색 후 그곳으로 발걸음을 옮겼다. 그녀의 이야기를 처음 알게 되고 깜짝 놀랐다. 그녀의 삶이 주는 감동에 비해, 현대 여성들에게 그녀의 이름이 많이 알려져 있지 않다고 생각했기 때문이다.

출처: 전통문화포털

김만덕은 상인 출신 아버지를 두었지만 일찍 고아가 되고 만다. 이국적이고 아름다운 외모를 가진 김만덕에게 당시 제주를 주름잡던 기생 월중선이 자신의 양녀가 될 것을 제안했고, 김만덕은 수락한다. 그렇게 그녀는 기생 신분이 된다. 기생 신분으로 사는 동안 다른 기생들은 대부분 권력을 가까이 하여 성공하고 싶어 했지만, 김만덕은 스스로의 재능을 갈고 닦았다. 그녀는 곧 제주 섬뿐만 아니라 육지 넘어 조선의 수도 한양까지 유명한 예인으로 평을 받게 된다. 그녀는 한양에서 제주를 방문하는 관료들 사이에서 오가는 대화들을 귀 담아 들어 세상 물정에 대한 통찰력을 갖게 되었고, 상업을 하고 싶다는 꿈을 갖게 된다. 마침내 아버지처럼 상인이 되기로 마음 먹는다. 그녀는 자신을 보호 해주고 자유롭게 해줄 재물을 쌓을 생각을 하고, 기생 신분에 대한 면제와 상승 결정권이 있었던 제주 목사, 지금으로 따지면 제주도지사와 담대한 협상을 한다. 그녀는 끈질긴 설득 끝에 상인의 신분을 되찾는다. 상인이 된 그녀는 육지에서 수요가 있을 만한 제주 특산물들을 팔고, 반대로 제주에서 희귀한 육지 상품을 사들여와 팔았다. 시장에 대한 통찰이 있었던 그녀는 금세 큰 부를 쌓는다.

1793년, 제주에서 세 고을에서만 600여 명이나 아사할 정도로 심각한 흉년이 발생한다. 그러자 김만덕은 그녀의 전 재산을 풀어 쌀을 사와 굶주림으로 죽어가던 제주도 민중들을 살렸다. 당시 김만덕의 기부 액수는 제주 역사상 최대였다. 그 어느 남성 양반들보다도 그녀의 공헌이 컸던 것이다. 그럼에도 불구하고 당시 제주 목사는 김만덕의 기부를 중앙에 알리지 않았다. 기부를 대가로 명예를 얻기 위한 주위 남성 지주들의 반대가 그 이유였다. 하지만 하늘은 선한 이의 착한 행실을 결국에는 드러내는 것일까? 그 다음 부임한 제주 목사가 제주 인구 감소가 두드러진 이유에 대해서 조사하여 왕에게 보고하는 과정에서 뒤늦게 김만덕의 선행이 왕에게 알려졌다. 그렇게 권력을 장악하고 명예욕에 눈먼 남자들의 질투와 시기에 가려졌던 김만덕의 존재가 세상에 드러났다. 감동이 있는 드라마에서는 주인공이 반드시 고난을 겪고, 또 그 고난을 올바른 과정을 통해 이겨낸다. 그렇게 주인공은 사람들이 오랫동안 마음속으로 품을 만한 바람직하고 이상적인 가치를 구현하여 사람들의 마음 속에 깊은 울림을 준다.

사회에 나와서 알게 된 한 친구가 1,000만 원 대의 연간 멤

버십 비용을 지출하고 결혼을 전제로 남자를 소개받는 한 맞선 주선 회사에 가입했다. 그 회사 이름이 '귀족'이었는데, '고귀한 신분'이라는 영단어를 내세운 것이라고 한다. 계급 사회도 아닌 오늘날 보이지 않는 계급이라도 있다는 말인가? 나의 다른 친구 역시 또 다른 결혼 정보 회사(결정사)에서 주선해주는 맞선 자리에 나갔다. 역시나 비싼 돈을 지불한 그녀는 투자한 비용만큼 본인이 기대하는 남자가 도통 나오지 않자 주선을 해주는 결정사에 화가 나 미칠 지경이라고 했다. 역사적으로 그 어느 때보다 여성 인권이 발전한 오늘날, 사랑도 값비싼 결정사 서비스에 기대야 한다니. 이것은 한 편의 슬픔과 비극의 K-Drama!

수많은 양반들이 김만덕에게 구애를 했다. 그러나 그녀는 웬만한 남자들에게 관심이 가지 않았다. 눈이 상당히 높았던 그녀의 마음을 빼앗은 남자는 벼슬은 낮았지만 학식이 높고 성품이 곧은 고선흠이라는 남자였다. 고선흠은 19살 나이에 결혼을 하여 슬하 두 자녀를 두고 있었는데, 불행히도 부인이 먼저 사망했다. 조선시대에는 남자들이 부인을 여러 명 두며 사는 것이 흔했다. 그렇지만 그는 재혼도 하지 않고 기생에게 기웃거리지도 않고 착실하게 두 자녀를 홀로 키우며 살아간다. 그의 반듯한 모습이 김만덕의 마음을 흔들었다. 오랫동안 짝사랑만 하던 김만덕은 그에게 먼저 다가갔고, 마음을 연 고선흠과 결혼을 한다. 하지만, 얼마 되지 않아 고선흠이 전염병에 걸려 죽게 된다. 결혼 생활의 행복은 얼마 가지 않았다. 그러나, 그녀는 그녀가 낳지 않은 두 자녀를 끝까지 책임지고 키운다. 이것은 한편의 감동과 승리의 K-Drama!

여성 인권이 거의 존재하지 않았던 조선시대에 일도, 사랑도, 자선도 주체적으로 해냈던 한 여성의 삶의 이야기가 존재했었다니. 유학보다는 실학의 중요성을 강조하던 당시 조선의 왕 정조는 삶으로 실학을 몸소 실천한 김만덕에게 크게 감동하여 소원을 묻는다. 그녀는 바다를 건너 상경하여 금강산 유람을 원하였다. 이는 내륙으로의 이동이 금지되었던 제주였던 당시 상황을 고려하면 파격적이고 담대한 요청이었다. 조선 후기 실학자 박제가(1750-1805)는 김만덕을 아래와 같이 기록했다.

"을묘년에 탐라에 큰 흉년이 들자 여인 만덕은 곡식을 내놓아 백성을 진휼(흉년을 당하여 가난한 백성을 도와주다.)하였다.

금강산을 구경하는 것 ….

여자라는 운명에 항거하여 창명을 건너 서울의 궁궐에 가서 임금님을 알현하고 명산을 구경하였으니, 이 세상에 태어나고 이 세상을 떠나는 동안 넉넉하게 멋쟁이로 살다간 사람으로 귀하다 할 만한 사람이다."

출처: 제주도 김만덕 기념관 전시 내용

2024년, 한국의 여권은 핀란드, 스웨덴과 나란히 세계에서 두 번째로 강력한 것으로 나타났다. 비자 없이 입국할 수 있는 나라 수가 무려 193개에 달한다.

여행을 누구나 쉽게 하는 오늘날을 살아가는 사람들이 볼 때, 그녀의 소원은 작고 작은 것이다. 아니, 소원이 고작 강원도 트레킹이라니! 나는 지난해 가을 거의 매 주말마다 강원도에 있는 설악산, 오대산, 태백산에 가서 등산을 즐겼다! 약 200년 전 이 땅에서 그녀가 못 누린 자유를 오늘날 나는 상상할 수 없는 수준으로 많이 누리고 있다는 것을 새삼 깨달았다. 인권의 발전, 이동의 자유, 표현의 자유, 지식과 정보에 접근할 수 있는 자유, 내가 원하는 삶을 기획하고 도전할 수 있는 자유 등. 나는 현재 당시 그녀는 상상도 하지 못했을 문명의 혜택을 누리고 있지만, 얼마나 많은 나날을 스스로 제약하고 삶에서 비본질적인 것들에 매여 나의 생명을 낭비하고 있을까.

그녀는 지금과 비교도 할 수 없이 두껍고 두꺼운 유리천장을 깨부수었다. 연약한 여자로서 경제적으로 남성에게 기대어야 살 수 있었던 시대에 스스로 세상에 도전하여 사업적 성공을 이뤄냈다. 당당하고 주체적으로 주어진 삶을 살았으며, 진정한 사랑을 했고, 어려운 이웃을 도우며 사회적 책임을 다했던 한국인 최초 여성 기업가였다.

지금 내가 삶에서 느끼는 불안과 불만은 어쩌면 나도 모르게 스스로를 제약하는 믿음에서 비롯된 것이 아닐까?

삶은 비즈니스

우리의 자발적 활동이 낳은 속성들만이 우리의 자아에 힘을 주고, 자아가 온전할 수 있도록 기틀을 닦아준다. 의식하건 안 하건 자기 자신이 아닌 것보다 더 부끄러운 일은 없으며, 진짜 자기 것을 생각하고 느끼고 말하는 것보다 더 큰 자부심과 행복을 주는 것도 없다. 중요한 것은 활동 그 자체다. 결과가 아니라 과정이 중요한 것이다.

_에리히 프롬, 『나는 왜 무기력을 되풀이하는가』, 나무생각

4장

세계 속
우리는 하나

촘촘히
연결된 세계

앞서 비즈니스는 삶이고, 삶이 비즈니스라고 정의를 했다. 모두가 사고파는 행위 없이 하루도 삶을 꾸릴 수 없기에. 옥스포드 사전이 정의하는 무역 'Trade'의 정의 역시 비즈니스와 비슷하다.

'사람, 기업, 국가 간에 상품이나 서비스를 매매하거나 교환하는 활동'

'Trade is the activity of buying and selling or exchanging goods or services between people, firms and countries'

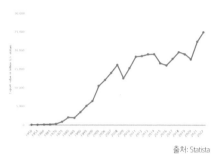

출처: Statista

행위 자체는 다르지 않지만 사고파는 행위의 상대가 국경을 넘어 나와 다른 국적의 사람들이라는 점에서 범위가 더 넓어질 수 도 있다. 전 세계 사람들이 자신의 나라 밖 사람들과의 거래를 할 때 발생하는 국제 무역량은 계속 증가해 왔다. 관세 철폐와 무역 확대를 도모하기 위해 1947년 처음 23개국이 참여하여 스위스 제네바에 설립된 '관세 및 무역에 관한 일반 협정(GATT, General Agreement on Tariffs and Trade)'이 만들어진 이후 1950년부터 2022년까지 세계 무역량은 무려 4,500% 증가했다. 1993년, '우리가 알고 있는 것을 공유하자!(Let's share what we know!)'의 슬로건과 함께 '월드와이드웹

(WWW, World Wide Web)'이 탄생했다. 지금으로부터 불과 약 30년 전이다. 그 후로 전 세계 사람들은 언제 어디에서나 연결되고, 정보를 공유하고, 지역적·문화적 경계를 넘어 협업하기를 멈추지 않았다.

1995년 1월 76개 회원국으로 출발한 세계무역기구(WTO, World Trade Organisation)는 2016년 164개국으로 증가하였고 2024년 현재까지 가입국 수를 유지하고 있으며, 회원국간 무역은 전 세계 무역 99%를 차지한다. 지구상 현존하는 모든 국가 중 북한 포함 오직 몇 국가만이 세계무역기구 멤버가 아니다. 이렇게 전 세계인들은 국제 무역을 통해 삶의 수준을 높이고, 일자리 창출을 하는 것에 대해 다같이 한마음으로 기여하기로 약속했다.

세계무역기구의 미션

"WTO의 목표는 회원국 사람들이 무역의 수단을 통해 생활 수준을 높이고, 일자리를 창출하고, 사람들의 삶을 개선하도록 돕는 것입니다. WTO는 무역 규범의 글로벌 체계를 운영하고 개발도상국들이 무역 역량을 갖추도록 돕습니다"

"The overall objective of the WTO is to help its members use trade as a means to raise living standards, create jobs and improve people's lives. The WTO operates the global system of trade rules and helps developing countries build their trade capacity."

"By lowering trade barriers through negotiations among member governments, the WTO's system also breaks down other barriers between peoples and trading economies.

출처: WTO 홈페이지

과거에는 일반 중소기업들 입장에서 해외 거래처를 만나는 것은 매우 힘든 일이었다. 대규모의 자원은 소수의 대기업이 장악하고 있었다. 중소기업들은 해외 거래처를 만나려면 참가비가 비싼 산업 박람회에 참가해야 했는데, 그 정도의 마케팅과 영업 자금 여력이 있는 중소기업들만이 가능한 일이었다. 하지만 오늘날은 오프라인 플랫폼이 온라인으로 확장되어 아무리 소규모 사업체를 운영하는 기업이라도 국제 무역 플랫폼에 접근할 수 있게 되었다. 아마존, 알리바바와 같은 국제적인 이커머스 플랫폼을 통해서 공간적, 물리적 제약 없이 상거래를 할 수 있다. 알리바바의 B2B 거래 플랫폼에서 연간 활발하게 활동하는 바이어의 수는 2억 7천9백만 명에 달하고, 판매자의 수는 850만여 명에 달한다. 아마존의 경우 약 3억 명의 사용자가 구매를 위한 이용을 하고 있으며, 약 2백만의 판매자가 활발한 연간 활동을 하고 있다. 한국 전체 중소기업 수가 약 770만인 것을 고려했을 때, 글로벌 이커머스 플랫폼이 국경이 없는 디지털 공간에서 얼마나 많은 판매자와 구매자들을 연결시켜 주고 있는지 가늠할 수 있다. 알리바바 창업자 마윈은 창업 동기를 아래와 같이 언급한 바 있다.

"당시 중국의 소상공인을 포함한 중소기업들은 바이어를 찾으려면 홍콩이나 광저우에서 열리는 비싼 해외 전시에 참가해야 했는데, 대부분의 이들은 그럴 돈이 없었습니다. 나는 생각했죠. 인터넷으로 모두가 지역에 상관 없이 연결되어 거래를 할 수 있다면 좋을 텐데 하고 말이죠."

출처: 언론 인터뷰

지역과 상관 없는 연결. 전 세계인은 디지털 공간에서 연결되어 교류한다. B2C 거래 역시 온라인에서 점점 더 활발해지고 있다. 해외 여행을 가거나 출장을 가면 친척과 동료들 선물을 바리바리 사 들고 오는 일도 지금은 의미가 없어졌다. 해외를 가지 않고도 해외의 상품을 온라인으로 합리적인 가격에 구매하고 빠른 시일 내에 받아 볼 수 있기 때문이다.

2023년 알리바바 그룹 산하 해외 직구 플랫폼 알리 익스프레스는 한국에 1,000억을 투자하고 한국 MZ 소비자들을 타깃으로 다양한 상품, 가성비, 빠른 배송을 내세워 대대적인 마케팅을 전개했다. 높은 인터넷 이용률과 MZ세대를 중심으로 늘어나는 해외 직구 소비량을 고려하면 한국 시장이 중요하다는 판단이었다. 우리는 이렇게 온라인 가상 공간과 오프라인을 넘나들며 개인의 정체성을 구축하고 관계하며 소비한다. 어느 한 보안 업체의 조사에 따르면 한국 사람들은 평균적으로 온라인 영상 시청을 하는 데 일주일에 총 12시간 35분을 할애하는 것으로 나타났으며, 이는 조사 대상이었던 모든 국가 중 가장 많은 시간이라고 한다. 심지어 데이트, 결혼 상대 역시 내 주변 관계의 한계를 훨씬 뛰어 넘는다. 데이트 앱과 SNS에서 만남이 이루어지기 때문이다. 이것이 Z세대에게는 아주 자연스럽게 된 현상. 그러나 86년생인 나는 다소 신선하다. 사람들의 인식에 영향을 줄 수 있는 채널이 국경이 없는 온라인 채널이다 보니, 과거 몇 곳의 매체가 광고 채널을 높은 가격으로 과독점하는 현상도 없어졌다.

어떠한 구분과 경계도 존재하지 않는 디지털 공간은 마음이 연결되고 이어지는 상거래가 발달할 수 있는 공간으로도 확장되었다. 또한, 디지털 공간으로 인해 발달된 물류 서비스는 판로가 제한되었던 지방에 위치한 중소기업들에게 놀라운 시장 접근성의 혜택을 가져다 주었다. 나는 코로나로 인해 출장과 대면 미팅이 어려웠던 2020년, 온라인 미팅으로 전남 지역의 식품 기업들을 홍콩을 비롯하여 중국 광둥 지방에 있는 유통 업체와 거래를 주선한 적이 있다. 당시 홍콩의 프리미엄 유통사 시티슈퍼(City Super), 중국 온라인 거래 플랫폼 징동닷컴, 그리고 지역 대형 유통사들과 전남 지역 기업의 해외 영업 담당자들과 미팅하며, 지방의 식품 중소기업들의 해외 판로 개척을 도왔다. 간장게장은 물론, 그 외에 와인과 페어링할 수 있도록 숙성시킨 전복을 활용한 상품들이 기억에 남는다. 영상으로 미팅을 마치고 홍콩에서 샘플 오더를 진행했고 전남 기업들은 신선 제품 샘플들을 DHL 항공으로 보내자 단 이틀 만에 홍콩에서 상품을 받아서 바이어들이 시식을 했다. 전 세계 바닷길, 육로, 하늘길이 모두 연결된 초연결 시대를 살아가고 있는 오늘날 일어나는 비즈니스 방식이다.

물류 기술의 발달,
인간의 마음이 세계를 잇다

인간은 세계를 탐험하고 나와 다른 사람들과 연결되길 원한다. 나와 같거나 비슷한 사람들하고만 지내고 싶어 하지 않는다고 믿는다. 그렇지 않고서야 그렇게 많은 사람들이 왜 해외 여행을 가겠는가. 2023년 기준 한국 전체 인구 절반에 달하는 약 2천3백만 명이 출국을 하여 해외에 간 적이 있다. 내 주위 직장인들은 휴가 날만을 기다리며 평소 고된 업무를 버티는 사람들이 많다. 휴가 때는 거의 국내가 아닌 해외에 간다. 내가 익숙한 곳을 떠나고 싶어한다. 이는 최근 우리나라만의 현상이 아니다. 나의 한 독일 친구는 세계지도를 벽에 걸어놓고 여행을 다녀올 때마다 컬러 핀셋으로 지도에 표시를 한다. 지구 한 모퉁이에 일상을 고정시키고 살아가지만, 주어진 삶을 사는 동안 최대한 많은 곳을 여행하겠다는 것이다. 사람들은 이렇게 나와 다른 사람들이 만든 질서와 문화를 탐험하고 경험하고 싶어 한다.

나는 오늘날 글로벌 통상 환경, 국제 무역 그리고 그에 이어진 물류 기술의 발달은 세계와 연결되고 싶어 하는 인간의 깊은 마음이 반영되었다고 생각한다. 물류. 物流. 물건 물, 흐를 류. 사람이 만들어내는 물건의 이동과 흐름. 즉 글로벌 공급망이 얼마나 촘촘히 전 세계를 연결하고 있는지 보면 세계와 연결되고자 하는 마음을 가진 인간들의 마음이 명확하게 드러난다. 사람들은 국경 없이 협력을 긴밀하게 하고 있기 때문이다. 이 말을 나의 남동생에게 이야기하니 콧방귀를 뀌었다. 그는 이과를 전공하고 그의 전 경력 내내 반도체 장비와 부품 구매 등의 업무를 해온 터라, 그 누구보다 최근 몇 년 동안 긴장이 팽팽했던 미국과 중국의 대립과 보호무역주의로 인한 공급망 불안을 몸소 경험했기 때문이다.

반면, 나는 문과 전공에 기업 마케팅 전략과 대외협력 업무를 하며 개방과 협력을 줄곧 외쳐왔다. 정부가 잠시 관세와 같은 수단으로 자국 산업을 보호할 수는 있어도, 사람들의 마음까지 통제할 수 없다. 정보의 접근이 모두에게 열려 있는 오늘날에는, 과거 그 어느 때보다 스마트한 소비자들을 내 마음대로 움직이는 것은 쉬운 일이 아니다. 사람들은 좋은 품질의 상품을 합리적인 가격에 소비하기를 원하고, 그 충족을 채울 수만 있다면 세계 어느 나라에 사는 그 누구와도 협력하길 원한다. 그렇기에 국가 간 경제적 상호 의존도는 높아질 수 밖에 없다. 아무리 강대국 미국과 중국이라고 해도 어쩔 수 없다. 한편, 최근 한국은행이 발간한 경제 전망 보고서에 의하면 미국과 중국간 지정학적 갈등이 심화되고 있으나, 양국 간 높은 경제적 상호 의존성으로 인해 중장기적으로는 경쟁적 협력관계로 수렴할 가능성이 있다고 전망했다. 전 세계는 연결되어 있고 서로 의존을 하고 있는 오늘날, 과거와 같이 최강 대국이 존재하고, 그와 나란히 질서를 만들어가는 선진국들이 존재하고, 나머지들은 그저 따라가는 질서는 더 이상 존재하지 않는다.

연어를 좋아하는 나는 종종 이커머스 플랫폼에서 생연어를 주문하곤 하는데, 주문하면 그 다음 날 내 집 문 앞에 배송이 된다. 정말 기적 같은 일이 아닐 수 없다. 어느 하루는 호주산 연어를 주문한 지 단 6시간 만에 집 앞에 배송이 된

적도 있다. '예상 배송 시간 대비 무려 12시간 먼저 배송이 완료되었습니다'라는 메시지를 받고 까무러칠 뻔했다. 편리하긴 하지만, 마음 한 구석에서 뭔가 '이렇게 빠른 리듬의 라이트 스타일이 과연 얼마나 지속될 수 있을까?'라는 의구심이 계속 들었다. 특히, 배송된 물건과 함께 포장에 쓰인 상자, 플라스틱과 비닐들을 바라보고 있노라면 나의 구매 습관이 환경에 좋지 않은 영향을 주고 있다는 느낌이 드는 것을 부인할 수 없다. 남들도 다 이렇게 사는 걸, 뭐. 그렇게 알 수 없는 찝찝한 감정을 털어낸다.

좋은 상품을 합리적인 가격으로 타자에게 전하려는 마음. 그리고 그것을 안전하고 빨리 전달하고 싶은 마음. 이런 인간의 마음이 구현되어 발전시킨 디지털 무역과 온라인 커머스 서비스의 혜택을 나는 맘껏 누리고 있다. 빠르고 편리한 물류 서비스 이면에는 전쟁과도 같은 기술 개발과 고객 유치 경쟁이 있다. Covid19 팬데믹 이후 제조와 물류 현장에 AI 기술이 바탕이 된 자동화 도입률이 높아졌다. 자동화 회사들은 공장주나 물류 창고 관리자들에게 자동화 시스템을 도입함으로써 인건비와 관리 비용을 얼마나 효과적으로 줄일 수 있는지 중점적으로 소개한다. 산업을 불문하고 전자, 자동차, 통신 등 업계 대기업들은 새로운 성장 동력으로 로봇에 집중 투자하고 있다.

  물류 회사들은 공급망 전 과정에서 생성되는 데이터를 확보하기 위해 플랫폼 경쟁에 주력하고 있다. 최근 덴마크에 본사를 둔 세계적인 물류 기업 머스크(Maersk)는 자사를 더 이상 물류 회사가 아닌 기술(Technology) 기업이라고 선언했다. 이들은 그 말 그대로, 기업의 자원을 물건이 이동하는 공급망과, 여러 접점에서 발생하는 데이터들의 가시성과 정확성을 높이기 위한 디지털 전환(digital transformation) 작업에 쏟아부었다. CEO가 천명한 기업 존재의 이유는 'Improving life for all by integrating the world'이다. 즉, 세계 곳곳의 사람들을 촘촘히 이어, 세계인들의 삶의 질을 높이는 것이다(기업의 전 지구적인 세계관, 정말 멋있다!). 이 기업은 2040년까지 전체 사업 영역에서 탄소 배출을 아예 없애겠다고 과감하게 목표를 세우고 대외적으로 공포하였다. 이뿐만 아니라 협력 업체들에게도 기업이 달성하는 목표를 공유하여 함께 동참할 것을 촉구하고 있다.

전 세계 무역량의 80%가 선박을 통해 이동한다. 이에, 전세계인들의 교역으로 발생하는 물건의 흐름에서 항구의 역할은 몹시 중요해졌고, 항구가 있는 도시들은 모두가 항만 연결성을 높이는 것을 목표로 하고 있다. 전 세계인들이 이동하며 이용하는 공항의 경우도 마찬가지로 얼마나 많은 사람들이 편리하게 전 세계와 연결될 수 있는지가 핵심이다. 전 세계 수많은 나라와 도시는 세계인을 연결하는 허브가 되기를 갈망한다. 이렇게 공공 분야와 민간 분야 모두가 '세계인의 연결'을 향해 달려가고 있다. 사람들은 타자와의 연결을 이렇게도 간절히 원하고 있는 것이다.

"인천항만공사, 물류·해양관광의 글로벌 허브를" <2022. 4. 18. 데일리안>

"인천공항 아태지역 공항 허브화 3위…日-中 제쳐" <2023. 9. 21. 파이낸셜뉴스>

"부산항, 초연결시대 세계 3대 항만 '부푼 꿈" <2024. 1. 17. 세계일보>

"광양항, 항만연결성지수 4분기 연속 상승…세계 30위 기록" <2024. 1. 31. 아시아투데이>

AI와의 동행,
더 편해진 만큼 우리는 더 행복한가?

한국 사람들에게도 연결되고자 하는 욕망이 있지만, 그만큼 연결이 일상에서 실제로 구현되기는 어려워서일까. 오늘날 사회 키워드들을 보면 암울하다. 2024년의 시작 1월의 어느 날, 새해에 대한 기대를 가득 안고 힘차게 운동으로 시작하려고 간 헬스장. 러닝머신 위 모니터에 빠르게 지나가는 수많은 뉴스 헤드라인들 중 몇 가지가 지금의 시대상을 나타내 주고 있는 것 같아 핸드폰으로 캡처를 하여 지인들과 나눴다.

'CES 열려, 앞다퉈 미래 차 선보여'

'우울증 100만 시대'

'70대 인구, 첫 20대 추월'

기술 발전은 멈출 수 없다. 로봇이 사람보다 더 정교하고 빠르게 물건을 생산한다. 공장에서 일하는 로봇들은 사람처럼 쉴 필요도, 잠을 잘 필요도, 휴가를 갈 필요도 없다. AI가 통번역을 해주고, 계약서를 작성해주고, 악기도 연주해준다. 사람의 시야를 통해 볼 수 있는 범위를 훨씬 뛰어넘어 더 멀리 감지하고 안전하게 운전한다. 기업들은 매년 더 똑똑한 로봇과 기계를 만들기 위해 집중한다. 그렇게 만들어진 기술은 빠르게 보편화되고 있으며 사람들에게 놀라운 편리함을 제공한다. 애플 아이폰이 처음 출시된 해가 2007년이다. 불과 17년 전이다. 그 후 스마트폰은 빠르게 보급화되었고, 지금은 스마트폰 없는 일상은 꿈도 못 꾸게 되었다. 과거 그 어느 때보다 더 연결되어 있고 더 편리하고 더 많은 즐거움으로 가득한 세상을 살아가고 있는 오늘날, 왜 우리 사회는 더욱 더 암울해져 가는 느낌이 들까?

'UNDP 37개국 중 한국 성 편견 가장 심해져, 편견 없는 한국인 10%뿐' <2023. 6. 12. MBN>

'한국인 삶의 만족도 OECD 최하위권…38개국 중 35위' <2024. 2. 22. JTBC>

'소방관 43.9%, 우울증·PTSD 시달려' <2024. 2. 24. 아주경제>

'자살 마약 저출생...청년들이 위험하다' <2024. 6. 27. 헤럴드경제>

'그냥 쉬는 대졸자 406만 명…통계 집계 후 역대 최대' <2024. 7. 1. 한국경제>

이러한 통계는 더 이상 나 개인과 상관없는 세상에 대한 정보에 불과한 것이 아니다. 내 삶, 나의 지인, 혹은 지인의 지인, 직간접적으로 관계를 맺고 있는 주위 사람들의 이야기이다. 물류 자동화 소프트웨어 개발 업무를 20년 넘게 하셨던 어느 한 직원분과 신사업 논의를 하면서 나누었던 담소가 오랫동안 기억에 남는다. "사람들이 왜 그렇게 물건을 빨리 받아 봐야 하는지 모르겠어요. 배송 물량은 늘어나는데 택배 기사 노동자들의 임금은 크게 오르지 않잖아요. 그분들만 힘든 것이 아닐까요?" 빠른 배송 온라인 주문이 늘어 자동화 창고 설계 건설 주문이 늘어나야 그분도 나도 월급을 받고 인센티브도 받을 수 있었지만, 넘치는 빠른 배송에 대한 수요에 대해서 과연 우리는 정말 필요한 일을 하고 있는 것일까 라는 질문과 답에 대해서는 둘 다 갸우뚱했던 것이다.

나는 많은 직원들이 이커머스 플랫폼 회사나 유통 회사의 물류 창고 건설 현장에 투입되어 일을 하는 것을 보았다. 물류 창고는 주로 도심이 아닌 외곽 지역에 위치해 있다. 큰 면적의 물류 창고를 확보하려면 비교적 저렴한 가격에 부지 매입을 해야 하고, 고속도로 진입이 쉬워야 하기 때문이다. 운전을 해서 물류 창고로 가는 길도 많은 경우 산뜻한 느낌이 들지 않았다. 기계 작동 소리와 물건들이 가득 쌓인 랙이 촘촘히 들어선 물류 창고 안에는 인간이 만든 공정 프로세스와 컨베이어 벨트 속도에 맞춰 일부 공정 단계에서 사람이 움직이며 작업한다. 나처럼 감수성이 발달한 사람은 현장에 머문지 얼마 되지도 않아 금세 우울감이 밀려온다. 아주 잠깐이었지만 나는 기계들 속에서 노동을 하는 동안 사람들은 스스로의 삶에 어떤 의미를 부여할 수 있을까 생각이 들었다. 어쩌면 노동에서 의미를 찾는 것은 사치이고, 애초부터 답을 찾을 수 없는 질문일까 하는 생각도 들었다.

어느 날 회사에 전체 메일로 부고가 떴다. 주로 직원의 부모나 조부모의 부고가 전체 메일로 공유되곤 하는데, 이 건은 직원 본인의 부고였다. 현장에서 프로젝트를 관리하던 한 직원이 스스로 목숨을 끊었다. 어떤 고통과 절망을 느꼈기에 스스로 삶을 포기하겠다는 결단을 했는지, 원인은 세상을 떠난 고인만 알 것이다. 하루 24시간 중 적어도 8시간 이상을 일을 통해서 세상과 관계를 맺으며 살아간다. 일과 개인의 삶은 분리하려고 해도 분리할 수가 없다. 전략기획 업무를 하는 나는 많은 시간 사무실 안에서 비교적 산뜻하고 안전한 환경에서 근무를 했지만, 많은 직원들은 현장에서 일을 했다. 복잡한 심정이 느껴졌다. 이 직원이 스스로 삶을 포기한 사건은 세상에 알려지지 않았다. 그 후, 평소에 눈에 많이 띄지 않았던 뉴스 헤드라인들이 내 눈에 들어왔다.

'워킹맘 이유로 괴롭힘…네이버 개발자 극단 선택' <2023. 4. MBN>

'LG계열사 팀장, 야근 중 한강서 숨진 채 발견' <2023. 5. 국민일보>

'"공황장애약 먹어야 할지".. 괴롭힘에 우울 장애 겪는 직장인들' <2024. 1. JIBS>

'제주 30대 해경 14층서 투신…휴대폰엔 '직장 내 괴롭힘' 정황' <2024. 2. 뉴시스>

'민원 시달리던 30대 공무원 숨진 채 발견…인과관계 조사 중' <2024. 3. 조선일보>

'숨진 32년차 50대 공무원도 호소…'직장 갑질' 10명 중 3명은 당했다' <2024. 5. 매일경제>

'일주일 새 3명 죽었다…숨진 경찰 카톡엔 "나 진짜 죽겠다"' <2024. 7. 세계일보>

　2019년, 한 홍콩의 전 스타트업 육성 기관의 직원이 한국 출장 때 나와 여러 기업 미팅을 진행했을 때 나눈 대화가 오래 기억에 남는다. "한국은 대통령도, 연예인도 자살을 많이 하는 나라인 것 같아." 뭐라고 대답해야 할지 몰라 대화 주제를 빨리 전환시켰다. 또…. 알 수 없는 감정이 올라왔다. 외국인에게 한국인은 자살을 잘하는 사람들이라는 인식이 있다는 것을 알게 된 나는 큰 슬픔을 느꼈다. 사회생활을 시작하면서 내 마음속에 일어나는 질문들은 멈추지 않았다. 내가 만났었던 유럽과 또 싱가포르나 홍콩 같은 연결성이 강한 도시 사람들이 발산하는 저 에너지의 원천은 무엇일까? 유럽에 가면 느껴지는 사람들의 친절함, 여유로움은 무엇일까? 삶에서 추구해야 할 진정한 가치는 무엇이고, 행복한 삶은 무엇일까?

의미와 가치를
추구하는 시대

공허와 허무의 감정에 허덕이지 않는 사람이 없다. 어떤 사람들은 삶에 의미를 추구하기를 포기하라고, 꼭 의미가 있어야 하냐고 말한다. 어려운 질문에 대한 쉽고 명쾌한 답처럼 보인다. 언뜻 고민이 해결된 듯하지만, 인간은 그렇게 간단한 존재가 아니다. 육체뿐만 아니라 영혼을 가진 인간이라는 존재는 언제나 삶의 의미와 가치 있는 일에 대한 갈증을 느낀다. 기계처럼 내가 누군가의 목적을 이루기 위한 수단이나 도구로 사용되는 것을 절대 원하지 않는다. 내가 누군가의 목적을 달성하려는 데 사용되는 수단이나 도구가 되는 시간을 감내하고 참아낸 만큼 부작용이 나타난다. 나 또한 남을 도구로 사용하며 살아가거나, 아니면 스스로 자해를 하거나.

어렸을 적 동료로 만난 나의 지인 중 한 명은 경영 컨설턴

트로 오래 일을 했다. 하루는 그녀와 서울 어느 한 프랑스 레스토랑에서 저녁 식사를 하는데, 그녀가 종업원에게 테이블 세팅이 늦는다며 마구 화를 내는 것이 아닌가. 그녀는 해외 서구권에서도 상당 기간 공부와 일을 했던 경험이 있었다. 남부럽지 않은 학업 성취와 경력을 가지고 있었지만 항상 주어진 시간에 비해 과도한 업무량에 여유가 없는 일상을 보내는 것이 현실이었다. 경쟁을 부추기는 교육과 일터에서 아주 오랫동안 스트레스를 받고 있었던 것인지, 타인의 작은 실수를 너그럽게 이해할 수 있는 마음의 여유가 사라졌던 것이다. 사회생활 15년. 어느덧 그렇게도 싫어했던 일부 기성세대의 모습을 닮아가고 있었다.

홀로코스트 생존자인 유대인 심리학자 빅터 프랭클 박사는 수용소 생활 3년 동안 인간의 존엄이 허락되지 않은 수많은 상황을 겪게 되었다. 이후, 박사는 그 안에서 사람들과 자신을 있는 그대로 관찰한 내용을 담은 『죽음의 수용소에서』라는 책을 출간했다. 영어 제목은 『Man's Search for Meaning: An Introduction to Logotherapy』, 즉, '인간의 의미 추구'이다. 인간은 일회성인 삶에 책임감을 갖고 잠재되어 있는 삶의 의미를 실현함으로써 건강한 정신을 유지하며 존엄성 있는 인간으로 살 수 있다고 그는 말했다. 그는 잔인했기로 명성이 높은 아우슈비츠 유대인 수용소에서 주위 사람들이 죽어나가고, 본인도 언제 죽을지 모르는 한 치 앞을 내다볼 수 없는 시간을 견뎠고 결국 살아남았다. 그는 수용소에서 지낸 시간 동안 사람들을 관찰하고 기억하고 기록했다. 그리고 그는 인간은 생존 본능에 충실한 짐승이 될 수도 있지만, 그 어떤 외부적인 압력 속에도 굴하지 않는, 심지어 죽음 앞에서도 인간다움을 지켜내는 숭고한 성자가 될 수도 있다는 것을 발견했다. 어떠한 어려운 상황에서도 자기 자신이 정신적으로나 영적으로 어떤 사람이 될 것인지 스스로 선택하여 품격 있는 삶을 살 수 있다는 것을 말이다.

그는 '삶'이란 현실적이고 구체적인 것이기에 막연히 일반적으로 의미를 정의하기는 불가능하다고 했다. 지구상 과거에 존재했던, 현재 존재하는, 미래에 존재할 어떤 개인도, 어떤 운명도 똑같은 삶은 없다. 따라서, 각자의 운명을 다른 사람의 운명과 비교할 수 없고, 내가 나의 삶에서 갖는 의문에 대한 답을 남에게 구할 수도 없다. 오직 본인만이 본인의 삶의 의미를 정의하고 추구할 수가 있다. 이 사실을 잘 이해하기만 해도 살아가면서 대부분의 고통과 고독의 시간이 조금은 행복한 시간으로 바뀔 수 있다. 얼마나 많은 시간 우리는 타인과 스스로를 비교하고 질투하며 스스로를 학대하는가. 또, 얼마나 많은 시간 우리는 타인이 나를 완전히 이해해주고 알아주기를 기대하고, 그렇지 못할 경우 실망하고 괴로워하는가. 깨어나자. 나는 나이다. 그 누구도 내가 될 수 없다.

그는 또한 삶의 의미를 찾는 여정의 시작은 삶의 의미에 대한 질문을 하는 대신, 삶으로부터 질문을 받고 있는 자신에 대해 생각할 필요가 있다고 했다. 그리하여 개개인 앞에 놓여있는 과제를 수행해 나가기 위한 책임을 과감히 용기 내어 떠맡는 것이다. 삶의 의미는 또한 자기실현보다 자기를 잊어버리는 '자기 초월'을 하며 얻을 수 있는데, 나를 포함한 사람들 각각을 수단이 아닌 독특한 개별적 존재로, 존중 받아야 할 마땅한 목적으로 여기고, 공동체 문제 해결에 자발적으로 동참하고 타인과 연대할 때 비로소 주어지는 선물이라는 것이다. 반면, 삶에 의미를 잃어버리면 술, 마약과 같은 단기적 쾌락을 선택할 가능성이 높다고 했다.

현대인들은 의미 없는 일, 본인이 타인의 목적을 이루기 위한 수단이 되는 관계 등 '자기 소외' 시간으로 채워진 삶에서 진정한 관계의 즐거움을 잃어버렸고, 지독한 공허, 허무, 고독 속에서 허덕인다. 2018년 영국은 세계 최초로 외로움부 장관(Minister for Loneliness)직을 만들었다. 2021년 일본 정부도 고독·고립 담당 장관을 임명하고, 고독·고립 대책실을 만들었다. 2024년, 한국도 대통령 직속으로 정신건강 혁신 위원회가 만들어졌다. 나는 줄곧 일을 하면서 정부의 중소기업 수출 지원 사업, 혁신 기술 지원 사업 등은 자주 들어보았지만 얼마 전 다소 생소한 사업 명칭을 접했다. 바로 '마음 투자 지원 사업'이라는 것이다. 맙소사, 사람의 마음에 투자하는 사업이라니! 경제 발전에 중요한 것은 보이지 않는 사람의 마음이라는 사실을 이제 모두가 깨달은 것일까?

앞서 사람들의 '삶'이라고 정의했던 사고파는 행위인 '비즈니스'는 한 나라 또 전 세계의 경제에 영향을 미친다. '경제'의 정의는 아래와 같다.

'An economy is an area of the production, distribution and trade, as well as consumption of goods and services'.

즉, 사람들이 재화나 용역을 생산하고 분배하고 거래하고 소비하는 인간의 행위를 기반으로 하는 사회 현상이다. 누군가 원하고 필요해야 상품이나 서비스가 만들어지고 그에 맞게 거래가 되고 소비가 일어난다. 주체는 사람의 마음인 것이다. 그리고 사람들의 마음은 '의미'와 '가치'를 추구한다.

2022년, 최근 전 세계 경제를 움직이는 주요 리더들이 모여 토론의 장을 주최하는 세계 경제 포럼(World Economic Forum)의 블로그에 아래와 같은 저널이 게시되었다.

"목적의식이 있는 삶:

웰빙을 추구하며 개인의 그리고 직업적 의미를 찾는 일."

"사람들은 자신의 직업에서 목적의식을 찾지 못하면 자신과 더 강하게 연결감을 형성해주고, 개인 강점을 발휘할 수 있는 새로운 기회를 찾아 떠날 가능성이 더 높다."

"Living on purpose:

Finding personal and professional meaning in the

pursuit of well-being."

"When someone doesn't find that sense of purpose in their job,
they are more likely to leave in search of an opportunity that
connects more deeply to who they are and the strengths they
bring."

출처: World Economic Forum 블로그

세계 경제를 주제로 토론의 장을 주최하는 기관에서 발간
하는 글의 주제치고는 매우 감성적이다. 정확히 측정할 수
없는 마음 영역의 키워드들이 많이 보인다. 웰빙, 행복, 의
미, 목적의식, 연결감 등. '경제'라고 하면 단순히 '돈'의 이미
지가 떠오르며, 딱딱하고 무거운 느낌이다. 그러나 인간의
경제 활동을 통해 순환되는 화폐의 양을 움직이는 동기는 측
량이 불가능한 인간의 마음에서 우러나오는 보이지 않는 요
소인 것이다.

한 독일인 친구의 말이 수년이 지난 지금까지도 기억이 난다. 베를린 자유대에서 법학을 전공하고, 아버지가 설립한 친환경 난방 기술이 주력 상품인 중소기업에서 오래 일을 해온 그와 이야기를 하면서 나는 그의 남다른 소비 의식에 놀랐다. 그는 자신이 일상 속에서 돈을 쓸 때 마다 스스로 원하는 세상의 모습을 그리는 권리를 행사하고 있다고 믿었다.

"당신이 돈을 쓸 때마다 당신은 당신이 원하는 세상에 투표를 하는 것입니다."

"Every time you spend money, you're casting a vote for the kind of world you want."

출처: 안나 라페(Anna Lappe)

그는 매일 다른 사람들이 제공하는 상품과 서비스를 구매 행위를 할 때, 행위의 영향과 파급력을 생각했다. 즉, 소비를 통해 내가 쓴 돈이 최종적으로 누구에게 흘러 들어가고, 그 사람은 그 돈으로 세상에 어떤 영향력을 행사하고 있는지를 생각했다. 그렇게 자신이 판단할 때 올바른 가치관을 가진 기업가가 만든 상품과 서비스를 구매하며 자신의 소비 행위에 의미를 부여했다. 이렇게 그는 삶에서 돈을 벌고 돈을 쓰는 과정에서 발생하는 모든 경제 활동에 그 나름의 의미를 가지고 있었고 보람을 느꼈다.

나 혼자 이런 생각을 한다고 세상 무엇이 달라지겠는가 싶다. 아직도 세상 곳곳에서 발생하고 있는 폭력, 혐오, 차별 등을 생각하면, 영원히 바뀔 것 같지 않은 이 거대한 세상에 나라는 존재는 아무것도 아닌 것처럼 느껴진다. 하지만 그럴 때일수록 우리는 깨어나 세상과 삶을 더 알려고 노력해야 한다. 20세기 위대한 인도철학가이자 세계적인 정신적 스승 크리슈나무르티는 "한 사람이 곧 인류고 세계."라고 했다. "나 한 사람이 바뀐다고 해서 무엇이 달라지는가."라는 생각을 경계해야 한다고 했다. 이는 낭만적이거나 환상적인 말이 아니라, 우리 한 사람 한 사람의 세계관, 생각, 말, 행동은 세상에 엄청난 영향력이 있다는 것이다.

이 책을 시작할 때 우리는 비즈니스는 삶이고, 삶은 비즈니스라고 정의했다. 그리고 우리와 직간접적으로 영향력을 주고 받는 주위 나라 사람들의 특징, 그리고 세계가 열광하는 코리안 바이브의 정체에 대해서 사유했다. 이어, 인간보다 더 똑똑한 AI, 인간처럼 휴식이 필요 없는 강철 체력 로봇, 그리고 타자와 연결되고 싶어 하는 욕구를 지닌 인간, 원하든 원하지 않든 점점 더 연결되고 있는 세계, 그리고 의미와 가치를 추구하는 인간의 본성에 대해서 이야기 했다.

나를 포함하여 이 책을 읽는 모두가 각자의 고유하고 유한한 삶에서 용기를 내어 의미를 발견하고 마음껏 상상력과 창의력을 발휘하여 기획하고 도전하고 보람을 찾고, 행복할 수 있기를. 그리고, 그 행복을 주위에 퍼트려 주위 사람들과 더불어 함께 행복을 누려, 이 지구상에서 단 한 명도 열외 없이 모두가 행복할 수 있는 세상이 오기를 염원한다.

이제 유한한 삶을 어떻게 디자인하고, 어떤 가치를 추구하며, 어떤 사람들과 접속하고, 어떤 일을 하며 살 것인가?

전체가 현실이기 때문에 조각내는 행동은 반드시 조각난 현실을 낳는다. 우리에게 필요한 것은 조각 내는 사고 습관을 깨닫고 주의를 기울여 이를 그만두는 일이다. 그러면 실재에 대한 접근 방식이 전체가 될 수 있고 그 반응 역시 전체가 될 것이다.

_데이비드 봄, 『전체와 접힌 질서』, 시스테마

닫는 글

삶은 비즈니스이고, 비즈니스가 곧 삶이다. 모든 사람은 태어나서 죽는 순간까지 100년이 안 되는 한정적인 시간을 사는 동안 매일 사고파는 행위로 삶을 채운다. 그리고, 한 사람의 행위는 분명 세상에 영향을 준다. 이 점을 기억하고 우리는 아래의 질문을 스스로 해 볼 수 있다.

나는 어떤 일을 통해서 타자와 연결되고 싶은가?
어떤 상품과 서비스를 세상에 제공하고 있는가?(혹은 제공하고 싶은가?)
나의 소득은 어떤 과정과 경로를 통해 나에게 오는가?
어떤 가치를 추구하는 기업의 상품과 서비스를 구매하고 있는가?
나의 소비를 통해 나의 돈은 궁극적으로 누구에게 돌아가는가?

답을 찾기 위해 생각하다 보면 알게 된다. 모든 사람들은 학교, 회사, 지역, 국가 안에서뿐만 아니라, 이웃 나라 사람들과 상호 영향을 주고받고 있으며, 전 세계는 연결되어 있다는 것을. 그리고 인간은 더욱 더 세상과 연결되기를 갈망한다. 나와 다른 사람들이 만든 질서, 문화와 사고방식을 경험하고 이해하며 세계관을 넓히다 보면, 분명 기존 틀을 깨는 새로운 사유가 발생하게 된다. 나아가 새로운 사유는 언제나 절망과 속박이 아닌 희망과 자유를 준다. 자유로운 영혼을 지닌 사람만이 어떠한 상황에서도 굴복하지 않고 의미와 가치를 추구할 수 있는 강인한 마음을 가질 수 있다고 믿는다. 더 많은 사람들이 적극적으로 다양한 사람들과 접속하고 각자가 지닌 고유의 매력을 마음껏 뿜어내며 살아가기를 바란다.

이 책을 읽는 모든 사람의 삶에 의미와 보람이 가득하기를 바라며 글을 마친다.

2024년 10월
전유민

참고문헌

1. Economy of Japan : https://en.wikipedia.org/wiki/Economy_of_Japan

2. Chinese exhibitors at Hannover Messe 2024 in Germany : https://www.globaltimes.cn/page/202404/1311245.shtml

3. Great Smog of London in 1952 : https://en.wikipedia.org/wiki/Great_Smog_of_London

4. Ikigai: The Japanese Secret to a Joyful Life : https://www.japan.go.jp/kizuna/2022/03/ikigai_japanese_secret_to_a_joyful_life.html

5. Japan Tourism Statistics : https://statistics.jnto.go.jp/en/

6. Jewish Population by Country : https://en.wikipedia.org/wiki/Jewish_population_by_country#:~:text=As%20of%202023%2C%20the%20world's,United%20States%20with%206.3%20million

7. List of Countries and Dependencies by Population : https://en.wikipedia.org/wiki/List_of_countries_and_dependencies_by_population

8. List of Countries by GDP : https://en.wikipedia.org/wiki/List_of_countries_by_GDP_(nominal)

9. List of Languages by Total Number of Speakers : https://en.wikipedia.org/wiki/List_of_languages_by_total_number_of_speakers

10. List of Jewish Nobel laureates : https://en.wikipedia.org/wiki/List_of_Jewish_Nobel_laureates

11. List of Jewish American Businesspeople : https://en.wikipedia.org/wiki/List_of_Jewish_American_businesspeople

12. Overseas Chinese : https://en.wikipedia.org/wiki/Overseas_Chinese

13. The Stolperstein Project by Gunter Demning in 1992 : https://en.wikipedia.org/wiki/Stolperstein

14. Superfund and Comprehensive Environmental Response, Compensation, and Liability Act of 1980 : https://en.wikipedia.org/wiki/Superfund

15. Trends in global export value of trade in goods from 1950 to 2022 : https://www.statista.com/statistics/264682/worldwide-export-volume-in-the-trade-since-1950/

16. World Trade Organisation : https://www.wto.org/english/thewto_e/whatis_e/tif_e/org6_e.htm

17. 교육부 국외 고등교육기관 내 한국인 유학생 현황 : https://www.moe.go.kr/

18. 이기동, <중국이 우리나라를 '죽지 않는 군자의 나라'라고 부른 이유는? 한국인의 정서와 사상>, 플라톤아카데미TV : https://www.youtube.com/watch?v=4MX14arqjGl&t=1019s

19. 전통문화포털 - 선현의 표준영정 : https://www.kculture.or.kr/brd/board/275/L/menu/473?brdType=R&bbIdx=8460

20. 중소기업벤처부 통계자료 : https://www.mss.go.kr/site/smba/foffice/ex/statDB/MainSubStat.do

21. 한국관광 데이터랩 : https://datalab.visitkorea.or.kr/

22. 한국무역협회 K-Stat 무역통계 : https://stat.kita.net/

23. 「글로벌 공급망으로 본 우리경제 구조변화와 정책대응」, 한국은행

24. 「스타트업 코리아 종합대책」, 중소기업벤처부

25. 「지속가능한 소비에 대한 독일 소비자들의 태도는?」, 코트라 해외경제정보

26. 「Joseon Society and the Social Class System - Vol. 14 Winter 2011」, 국립중앙박물관

27. 「What Makes Life Meaningful? Views From 17 Advanced Economies」, Pew Research Center

28. 「Why Germans Have Longer Vacation Times and More Productivity」, American Express Blog

29. 『Doing Business with Germans』, Sylvia Schroll-Machl, Vandenhoeck & Ruprecht
30. 『감성과 지성으로 일한다는 것』, 야마구치 슈, 미즈노 마나부, 마인더브
31. 『개성상인의 탄생』, 허성관, 만권당
32. 『나는 왜 무기력을 되풀이하는가』, 에히리 프롬, 나무생각
33. 『다정한 것이 살아남는다』, 브라이언 헤어·버네사 우즈, 디플롯
34. 『돈의 달인, 호모코뮤니타스』, 고미숙, 북드라망
35. 『유대인들은 원하는 것을 어떻게 얻는가』, 박기현, 소울메이트
36. 『일본 중국 기행』, 니코스 카잔차키스, 열린책들
37. 『죽음의 수용소에서』, 빅터 플랭클, 청아출판사
38. 『질병이 바꾼 세계의 역사』, 로날트 D.게르슈테, 미래의창
39. 『침묵의 다도, 무언의 전위』, 아카세가와 겐페이, 안그라픽스
40. 『크리슈나무르티의 마지막 일기』, 지두 크리슈나무르티, 청어람미디어
41. 『화교가 없는 나라』, 이정희, 동아시아
42. 『화교 경제권의 이해』, 조은상, 커뮤니케이션북스

43. "80% of the trending global travel destinations for 2024 are in Asia, according to new report", <CNBC>, 2024.01.31.
44. "Barack Obama discusses finding joy and purpose at work with Ira Glass", <LinkedIn News>, 2023.05.31.
45. "BYD, 글로벌 EV 시장 점유율 '20.6%'로 1위…현대차는 4.4%", <전기신문>, 2023.11.09.
46. "CES2024, 중국 기업 참가 급증…"스타트업 성장 돋보여"", <YTN>, 2024.01.10.
47. "Germany: The Discreet Lives of the Super Rich", DW Documentary
48. "Death Sentence Looming for Universities as First-ever Demographic Winter Starts", <The Korea Herald>, 2021.01.17.
49. "Living on purpose: Finding personal and professional meaning in the pursuit of well-being", <World Economic Forum>, 2022.06.17.
50. "These are the world's most powerful passports to have in 2024", <World Economic Forum>, 2024.01.31.

51. "2002년 주5일 근무제 도입 때는⋯", <한겨레21>, 2020.01.07.

52. "국민 43% "직장에서 MZ와 갈등 많아질 것"", <조선일보>, 2024.02.16.

53. "글로벌 리더십 1위 국가는 미국 아닌 독일", <한국일보>, 2023.05.11.

54. "노동력 대체하는 로봇…"새 일자리·안전한 작업환경 만든다"", <노동법률>, 2022.04.10.

55. "메르켈의 16년⋯ 전문가들이 평가한 리더십과 유산", <BBC Korea>, 2021.09.24.

56. "모건 스탠리, '한국 1인당 명품 소비 세계 1위'", <어패럴뉴스>, 2023.01.18.

57. "美작가 "세계서 가장 우울한 한국, 유교와 자본주의 단점만…희망은"", <조선일보>, 2024.01.28.

58. "산업계 희망퇴직 확산…조직 슬림화 '고삐'", <매일일보>, 2024.06.27.

59. "'쇼츠'의 위력…한국인, 1인당 유튜브 월평균 40시간 봤다", <시사저널>, 2024.03.04.

60. ""압도적 경치"…일본 직장인 출근길 '관광 명소' 된 이유", <JTBC>, 2024.04.26.

61. "올해 상반기 여행수지 65억 달러 적자…6년 만에 최대", <연합뉴스>, 2024.08.15.

62. "유엔 "세계 생성형 AI 특허 출원 6년간 8배 급증…中 선도", <연합뉴스>, 2024.07.03.

63. ""일본서 살기 싫어요" 이민 가방 싸는 일본인들…62%가 여성, 왜", <머니투데이>, 2024.01.17.

64. "'임금 그대로' 주 4일제, 일본 최대기업 도요타도 동참", <매일경제>, 2024.06.28.

65. "'자살률 1위 한국... 해법이 필요하다", <오마이뉴스>, 2024.08.29.

66. "주 5일이나 회사 나오라고? 이직할게요"…평균 연봉 5억 美 기업, 무슨 일?", <세계일보>, 2024.09.28.

67. "中 세계 최대 규모 자율주행차 시험 운행 중", <뉴시스>, 2024.06.14.

68. "제51회 상공인의 날", <경인매일>, 2024.03.20.

69. "중소기업의 앓는 소리, 이유는 있다", <참여와 혁신>, 2024.12.07.

70. "차이나모바일, 세계 최초 6G 통신 테스트용 위성 발사 성공", <조선비즈>, 2024.02.05.

71. "한국인 '삶의 만족도' OECD 최하위권...38개국 중 35위", <MBN>, 2024.02.22.

72. "한국, 이코노미스트 '유리천장 지수' 12년 연속 꼴찌", <경향신문>, 2024.03.07.